Marketing psicológico

Diseña el *buyer persona* de tu marca

Madrid, 2024

Pepe Martínez Rodríguez

Marketing psicológico

Diseña el *buyer persona*
de tu marca

Prólogo de Belén Fraile Rojas

Mayo, *2024*

Marketing psicológico. Diseña el buyer persona *de tu marca*
Pepe Martínez Rodríguez

© 2024, ESIC EDITORIAL
Avda. de Valdenigriales, s/n
28223 Pozuelo de Alarcón (Madrid)
Tel.: 91 452 41 00
www.esic.edu/editorial
@EsicEditorial

ISBN: 978-84-1192-045-2
Depósito Legal: M-5836-2024

Diseño de cubierta: Zita Moreno Puig
Maquetación: Santiago Díez Escribano
Lectura: Myriam Mieres
Impresión: Gráficas Dehon

Un libro de

Impreso en España – *Printed in Spain*

Este libro ha sido impreso con tinta ecológica y papel sostenible.

«La luciérnaga brilla cuando vuela; la mente también».

Philip James Bailey

Índice

Prólogo

Conocí a Pepe Martínez hace cinco años, cuando me hallaba inmersa en la elaboración de mis primeras clases universitarias. Por aquel entonces le citaba textualmente, pues con su claridad y profundidad destacaba por encima de los académicos y profesionales que trataban de explicar la complejidad de nuestro cerebro. Años más tarde tuve la oportunidad de conocerle personalmente, esta vez como profesor. Lo que me cautivó e inspiró profundamente fue su habilidad para desentrañar conceptos científicos complejos a través de casos prácticos actuales. Con el tiempo, los roles de estudiante y profesor se desvanecieron; descubrí que detrás del gran educador que había conocido había también un ser humano excepcional cuya pasión por enseñar era tan profunda y genuina como había intuido años atrás.

Este libro es el reflejo de esa pasión y ese conocimiento. Cada capítulo explora algunos de los conceptos clave de la psicología del consumidor, su relación con las marcas y la toma de decisiones. Es una guía que cuestiona presunciones superficiales del marketing y nos invita a descubrir el mundo subyacente que determina las elecciones y los comportamientos cotidianos, un regalo para cualquiera que desee comprender la intersección entre la mente humana y el comportamiento del consumidor.

Belén Fraile Rojas
Profesora investigadora
Madrid, abril de 2024

Agradecimientos

En primer lugar, quiero tener un recuerdo especial para mis padres, que nos dieron todo a mis hermanos y a mí. Siempre fueron un ejemplo de trabajo, esfuerzo, compromiso y valores. Estáis muy presentes en nuestra memoria y, sobre todo, en nuestro corazón.

Quiero agradecer a mi mujer Elena todos los años que llevamos juntos y los proyectos que hemos realizado. Estamos muy orgullosos de nuestros hijos David y Patricia.

También quiero mencionar a mis hermanos, cuñados y sobrinos, que ocupan un lugar muy importante en mi vida.

Me considero muy afortunado por mi trayectoria profesional: 40 años dedicado al mundo del *business intelligence* desde diferentes empresas (Metra Seis, Synapse Marketing Research, Ideas para…, Ergo Advanced Research, Millward Brown y Kantar).

Quiero agradecer a estas compañías, a mis compañeros y a los clientes todas las experiencias que hemos vivido juntos. Los éxitos nos hicieron crecer y disfrutar; las dificultades nos obligaron a pensar y a innovar.

Estoy muy contento de mi colaboración con múltiples universidades y escuelas de negocio (CEU, ESIC, IE University, UNIR, Universidad Complutense, Universidad Europea de Madrid…). La enseñanza y los alumnos me han aportado mucha satisfacción.

También quiero mostrar mi agradecimiento a Belén Fraile por sus palabras en el prólogo de este libro. Belén, eres una gran profesora e investigadora, y te agradezco mucho este detalle. Hemos compartido muy buenos momentos en el entorno académico y espero que siga siendo así.

Mi editorial favorita es ESIC. Este es el tercer libro que publicamos juntos. Quiero agradecer a Jesús Domínguez, Arancha Rivero, Gema Bolaños y Alberto Larrea todo el apoyo que me han dado. Es un placer trabajar con vosotros.

Reconocimientos

Para la elaboración de este libro me he inspirado principalmente en Michael R. Solomon, que es un experto en el comportamiento del consumidor y en el diseño de estrategias de marketing.

Solomon es profesor de marketing en la Haub School of Business, que pertenece a Saint Joseph's University, en la ciudad de Philadelphia.

También es un reconocido consultor de marcas. Ha trabajado para compañías como Calvin Klein, Levi Strauss, Under Armour, Timberland, eBay, Procter & Gamble, H&M, BMW, United Airlines…

Es además autor del libro *Consumer behavior* (*Buying, Having, and Being*). Se trata del libro más utilizado en todo el mundo por los estudiantes de marketing, *business intelligence* y análisis del consumidor.

Solomon está graduado en psicología y sociología, y es un referente mundial en psicología social aplicada.

Muchas gracias, Michael, por tus inspiradoras aportaciones, conferencias y seminarios.

PARTE I
Las raíces del consumidor actual

1

¿Cuál es la esencia del comportamiento humano?

Bienvenida e introducción

¡Hola! Muchas gracias por haber decidido leer este libro. Precisamente de este tema vamos a hablar: la toma de decisiones de la mente humana. Te doy la bienvenida al maravilloso mundo del consumidor y los fenómenos que se producen diariamente en el mercado de las marcas, productos, servicios, aplicaciones, páginas web o plataformas de usabilidad.

Descubriremos juntos las claves actuales del comportamiento del consumidor, de las decisiones de compra y, como consecuencia, del crecimiento de las marcas.

Siempre que pueda intentaré ilustrar con ejemplos las necesidades de los equipos de marketing y el análisis de la psicología del consumidor. De esta forma, nos mantendremos de manera casi constante en el terreno del marketing psicológico, que es el objetivo principal de este libro.

En este primer capítulo, te voy a mostrar el largo recorrido que ha realizado nuestra especie, desde los reptiles hasta el consumidor actual.

¿Por qué sugiero este enfoque? Porque nuestro comportamiento como consumidores tiene relación con nuestra larga trayectoria histórica a lo largo de millones de años.

Tenemos reminiscencias reptilianas

Si echamos una mirada lejana al pasado veremos que, desde la aparición de los primeros seres vivos de tamaño microscópico en nuestro planeta, la vida no ha dejado de evolucionar y abrirse paso a través de múltiples y muy variadas especies animales (biodiversidad).

Pues bien, en este largo proceso, hace aproximadamente 320 millones de años, aparecieron en escena los reptiles. Voy a detenerme un momento en esta forma de vida, porque en la literatura sobre neuromarkerting se habla mucho del cerebro reptiliano.

Y quiero advertirte que hay mucha pseudociencia circulando por ahí; no quiero caer en el resbaladizo terreno de los neuromitos. Me considero un fiel defensor del rigor y del enfoque científico. Bueno, entonces, ¿qué es esto del cerebro reptiliano? Veamos.

Para entender mejor el funcionamiento de la mente humana, el neurocientífico norteamericano Paul McLean planteó la idea del cerebro triuno (1960). Este modelo hace referencia a tres niveles evolutivos dentro de nuestro cerebro.

> En el interior del cráneo de cada uno de nosotros hay algo parecido al cerebro de un cocodrilo. Rodeando este complejo, está el sistema límbico del cerebro de los mamíferos, que evolucionó decenas de millones de años atrás en antepasados que eran mamíferos, pero aún no primates. Es una fuente importante de nuestro estado de ánimo y las emociones. Y finalmente en el exterior, viviendo en una incómoda tregua con los cerebros más primitivos situados debajo, está la corteza cerebral. Que evolucionó hace millones de años en nuestros antepasados primates (Carl Sagan, *Cosmos*, 1980).

Lógicamente, en estos momentos estamos más avanzados en el conocimiento del cerebro del ser humano que en la época de las investigaciones de Paul McLean. Y, aunque ahora sabemos que la realidad de nuestro cerebro no es del todo así, sino que es mucho más compleja, seguimos utilizando este planteamiento como una analogía muy ilustrativa de la estructura y el funcionamiento de nuestra mente y las distintas huellas de las etapas filogenéticas por las que ha pasado, es decir, el proceso evolutivo de nuestro cerebro a través de las diferentes especies que nos han precedido en el tiempo.

¿Y qué hemos heredado de los reptiles? ¿En qué consiste este nivel 1 de nuestro cerebro triuno? Este primer nivel tiene que ver principalmente con el tronco encefálico y el cerebelo. Esta área está encargada principalmente de la supervivencia del individuo. Estamos hablando de un programa instintivo, que se desarrolla dentro de un plano puramente biológico: respiración, temperatura corporal, hidratación, nutrición, reproducción sexual (en una dimensión puramente biológica)... es decir, funciones que trabajan para la homeostasis corporal.

Los reptiles solo pueden hacer, actuar, manifestar conductas. Siguen un patrón instintivo muy básico, bastante limitado, excesivamente rígido, que se mueve prácticamente entre dos posiciones:

- Miedo (estrés, tensión, huida) → *flight response.*

- O lucha (combate) → *fight response.*

Los principales y prácticamente únicos objetivos en este nivel son la supervivencia y la continuación de la especie.

Nosotros, los seres humanos, cuando vamos a comprar una marca, podemos experimentar confianza o desconfianza (miedo a salir perjudicados en la decisión de compra). Es una cuestión de sentirse más o menos seguro.

Somos mamíferos

Pues vamos entonces al siguiente escalón evolutivo. Hace aproximadamente 200 millones de años aparecen los mamíferos. Con ellos es como si nuevas «aplicaciones» (un nuevo *software*) se hubieran añadido a la evolución del cerebro. Aparecen nuevas prestaciones.

Surgen las emociones (sistema límbico y amígdala), el aprendizaje (que involucra a varias zonas del cerebro) y la memoria (hipocampo).

En esta fase evolutiva se incorpora el aprendizaje a través de las experiencias pasadas, y ello supone una ventaja evolutiva importante en términos de supervivencia y de calidad de vida (bienestar).

Las emociones añaden una valencia positiva o negativa a la experiencia y, en este sentido, los mamíferos tratamos de repetir lo que nos resulta placentero (lo que nos hace sentir bien) y rechazar lo displacentero (lo que nos genera incomodidad o nos disgusta).

En nuestro caso, en los seres humanos, las emociones han ido interactuando con otras funciones superiores, dando lugar a los sentimientos y los estados de ánimo, que son fenómenos afectivos más complejos.

Ya veremos más adelante que la conexión emocional es una de las claves principales de las marcas que triunfan en su relación con los consumidores.

Además, tenemos una herencia primate

El tiempo pasa volando, incluso cuando hablamos de millones de años. Pues hace unos 70 millones de años emerge en el planeta una nueva especie: son los primates. Se trata de una nueva forma de vida, muy especial para nosotros los humanos, porque a partir de ese momento el desarrollo mental entra en una nueva dimensión, dando sucesivos saltos cualitativos, que nos llevarán hasta nuestra especie.

Son muy pocos los mamíferos que han desarrollado un módulo racional. Gracias a la evolución de la neocorteza, una fina capa que recubre todo el cerebro, la parte más externa y moderna y, de forma especial, del lóbulo frontal, algunas especies han alcanzado una inteligencia superior tanto sobre el entorno que las rodea como sobre sí mismas.

Es el caso de los elefantes, las ballenas, los delfines, los primates y, sobre todo, los seres humanos. Estas especies viven en entornos sociales complejos. Hay una estrecha relación entre la riqueza de la vida social de una especie y la dimensión racional del cerebro. También encontramos este fenómeno, la estrecha relación entre racionalidad y vida social, en algunas especies de pájaros.

Si nos centramos en la mente humana, con este paso evolutivo se incorporan nuevas funciones, tales como el lenguaje, la cognición (pensamiento, razonamiento), la memoria de trabajo (memoria operativa), la gestión de las emociones, la toma de decisiones (el tándem razón-emoción) y la planificación del futuro. De esta forma, a las perspectivas del presente (reptiles) y del pasado (mamíferos), se añade ahora una visión de futuro (ser humano).

No me gustaría que se entendiera que estos tres niveles evolutivos son compartimentos estancos. Insisto, la realidad es bien distinta: nuestra mente tiene un elevado nivel de complejidad y hay una constante interacción entre las diferentes y múltiples áreas que la componen. Es un verdadero trabajo en equipo. Y el cerebro triuno es una metáfora simplificadora para facilitar la comprensión del proceso evolutivo de la mente humana.

En realidad, cada nuevo nivel tiene una fuerte interrelación con el anterior o anteriores e incluso se superpone de tal manera que las áreas cerebrales más modernas desde el punto de vista evolutivo recubren a las más primitivas (algo así como las capas de una cebolla).

Pues bien, una vez que hemos llegado hasta los primates, nos situamos en la última etapa de nuestro viaje, la que nos lleva hasta la mente humana (la mente del consumidor) tal y como la conocemos actualmente.

Hace entre 10 y 7 millones de años que nos empezamos a separar progresivamente de nuestros parientes más cercanos: gorilas, orangutanes y chimpancés. La evolución es un rompecabezas fascinante lleno de cruces de caminos, bifurcaciones, especiaciones, adaptaciones evolutivas, hibridaciones entre especies...

Tenemos reminiscencias de los reptiles y somos mamíferos, pero por encima de todo tenemos una herencia primate. Jordi Sabater Pi (1922-2009) fue un primatólogo y naturalista español que vivió durante casi 30 años en Guinea Ecuatorial. Allí tuvo la oportunidad de estudiar a los primates y descubrió que los chimpancés tienen sus preferencias de color a la hora de elegir las frutas:

1) Rojo vivo.

2) Amarillo.

3) Naranja.

Pues bien, en una investigación publicada en la página web de Hubspot (2017), una empresa que comercializa servicios y plataformas de marketing, se narra un experimento bastante curioso. Se realizó un test A/B. Se habilitaron dos páginas *online* exactamente iguales, excepto en el color del CTA (*call to action*). El botón rojo resultó ser 21% más veces pulsado que el botón verde. Repito: todo era idéntico excepto el color de los botones.

Probablemente estamos ante una evidencia de nuestra herencia primate. Si nos fijamos en los escaparates, en el interior de los puntos de venta, en las páginas de *e-commerce* o incluso en los catálogos y folletos comerciales, podemos apreciar que con mucha frecuencia se recurre a los colores rojo, amarillo y naranja para impactar al comprador; exactamente los mismos que resultan atractivos a los primates.

En ofertas, rebajas, descuentos, promociones, cupones, bonos... se suele recurrir a estos colores para captar la atención del consumidor. Pensemos por un momento en los semáforos en rojo o en amarillo/naranja/ámbar.

Y primero fue la biología

El proceso de la evolución humana surge ante nuestra atenta mirada como un trayecto un poco misterioso, fascinante, largo y complejo. Los primeros cambios se produjeron en el terreno biológico.

Bipedismo

De forma progresiva, nuestros antepasados, hace alrededor de tres millones de años, se pusieron de pie y comenzaron a caminar sobre las dos extremidades posteriores. Habían nacido las piernas. Esta liberación de las manos nos ha permitido relacionarnos con el medio exterior de una forma más activa, manipulativa y eficaz.

La pinza de precisión

Por una parte, la liberación de las extremidades superiores y, por otra, la posición del dedo pulgar, opuesta al resto de los dedos de las manos, dieron lugar a la pinza de precisión.

Esta pinza de precisión nos ha permitido manipular objetos con las manos y manejar herramientas, desde las más simples a las más sofisticadas. Son los primeros vestigios de la importancia que cobraría la tecnología en nuestra vida: desde la prensión de las primeras piedras al comienzo de los tiempos hasta el manejo de una raqueta de tenis o la conducción de un automóvil en la actualidad.

Esta capacidad de manipulación y transformación del entorno permitió el acceso a nuevos tipos de alimentación. Y, como consecuencia, la mejora en la dieta aportó proteínas que favorecieron el desarrollo cerebral.

El dominio del fuego, hace unos 400.000 años, aportó luz en la oscuridad de la noche y de las cuevas (el miedo), calor frente a las frías temperaturas, defensa frente a los animales y la posibilidad de cocinar los alimentos. El fuego fue otro factor determinante que influyó en la dieta.

En lo que a la tecnología se refiere, aunque la utilización de utensilios rudimentarios podría haber empezado antes, con el *Homo habilis* comienza de verdad el empleo de herramientas que nos ha llevado hasta el enorme desarrollo tecnológico de nuestra especie.

El desarrollo cerebral

Hay tres aspectos que destacar en relación con este tema:

1) El progresivo aumento de la capacidad craneal, desde los aproximadamente 350 cc del considerado como primero de nuestros antepasados hasta los alrededor de 1.350 cc de nuestra especie en la actualidad.

2) La mayor complejidad cerebral, con una multiplicación exponencial del número de neuronas y, por tanto, de la interconexión de los distintos núcleos y regiones cerebrales.

3) El increíble crecimiento del índice de encefalización (el peso del cerebro en relación con el peso corporal total). El ser humano tiene el índice más elevado, seguido, a bastante distancia, por los delfines.

Después vino la psicología

La capacidad de aprendizaje

El aprendizaje trajo nuevas oportunidades a la hora de relacionarse de una forma más activa con el entorno, frente a la programación instintiva rígida y limitada, característica de las especies menos evolucionadas (como hemos visto antes en el caso de los reptiles).

Y el aprendizaje a partir de las experiencias pasadas abrió la puerta a la posibilidad de planificar el futuro. Intentar predecir lo que va a ocurrir mañana es útil desde el punto de vista evolutivo (supervivencia).

Todos los aprendizajes y la complejidad del ser humano nos han llevado hasta la consciencia de uno mismo, de los otros y del mundo que nos rodea.

El pensamiento, la representación y el nivel simbólico

Hace aproximadamente 12.000 años hubo una revolución cultural primitiva pero muy importante: los cazadores-recolectores dieron paso a una nueva organización y estilo de vida: la agricultura y la ganadería.

Desde la aparición de la agricultura, las preocupaciones por el futuro se convirtieron en actores principales en el teatro de la mente humana (Yuval Noah Harari, *Sapiens*).

Poco a poco, la mente humana ha llegado cada vez a niveles más elevados de abstracción. De forma progresiva se alcanza el pensamiento simbólico.

Un buen ejemplo de esta nueva dimensión simbólica es la aparición del dinero (se calcula que fue hace alrededor de 3.000 años).

El dinero fue una innovación asombrosa porque puede representar multitud de objetos diferentes y convertir cualquier cosa en casi cualquier otra cosa.

El dinero es una gran invención del pensamiento simbólico (Yuval Noah Harari, *Sapiens*).

Pongo el ejemplo del dinero porque es clave en las transacciones diarias que realizan los consumidores en su relación con las marcas. El dinero puede alcanzar diferentes y múltiples significados en la mente humana. Puede:

- Ser moneda de intercambios de bienes.

- Convertirse en un capricho (darse una recompensa, sentir un momento de placer celebrando un éxito con una buena copa de vino o una cena en un restaurante prestigioso).

- Puede traer el futuro al presente al acelerar un proyecto (por ejemplo, pedir un crédito para emprender un negocio).

- Al revés, cogiendo la dirección contraria, puede postponer el presente hacia el futuro (cuando el dinero se convierte en ahorro para comprar un coche más adelante).

- También puede significar riesgo, aventura, juego… cuando se invierte en bolsa, en renta variable o cuando se hacen apuestas.

- Etcétera.

Y es que la realidad externa no es tan importante. La clave está en los significados y las intenciones que le atribuimos (la realidad interna).

El dinero es progresivamente más simbólico y abstracto: las monedas, los billetes, la tarjeta de crédito, el pago con el móvil/*smartwatch*, las criptomonedas… ¿Cuál será el siguiente paso?

La imagen de las marcas y, especialmente, los logotipos son otro buen ejemplo del elevado nivel de abstracción de la mente humana. Es el caso de logos como el de Apple (la manzana), Amazon (la flecha sonriente), Microsoft (el cuadrado de colores), el signo de Nike e incluso el grafismo de Vodafone. Estas marcas no necesitan escribir su nombre; simplemente mostrando el logo ya se consigue evocar sus significados en el mercado global.

Ropa, adornos, peinados y tatuajes

Las imágenes que veremos a continuación nos muestran claramente que los seres humanos hemos expresado actitudes, rasgos de personalidad, señas de identidad y estilos de vida a través de las vestimentas (prendas de ropa, moda), el maquillaje, los adornos, los accesorios, el peinado, los tatuajes... desde el principio de los tiempos.

Con cada nueva generación van cambiando las formas de expresión y los significados, pero se mantiene el hecho de expresarse y proyectarse a través de los diferentes recursos al alcance.

Con frecuencia, tendemos a pensar que hay mucha distancia entre las formas de expresión de nuestros antepasados y las del ser humano actual. Claro que van cambiando los aspectos formales, pero el fondo sigue siendo el mismo.

Las diferentes y sucesivas imágenes nos muestran que los mecanismos expresivos son prácticamente iguales a los que se utilizaban hace miles de años. Y, como podemos apreciar en las imágenes de Cristiano Ronaldo, Messi y Neymar, los comportamientos de los héroes deportivos, musicales, cinematográficos, *influencers*... tienen todavía más impacto en la población.

Figura 1.1. Momentos históricos y formas de expresión a través de la ropa

Fuente: Elaboración propia, basado en dinosaurios.info, wikimedia.org y showmehat.es

Figura 1.2. Formas de expresión mediante el maquillaje y los accesorios

Fuente: Elaboración propia, basado en afroculture.net y escuelademaquillaje.net

Figura 1.3. Formas de expresión a través del peinado

Fuente: Elaboración propia, basado en i.pining.com y culturizando.com

Figura 1.4. Formas de expresión con los tatuajes

Fuente: Elaboración propia, basado en creativemornings.com, gente.com.ar y mujerhoy.com

Llegó el salto sociológico

Agresión versus sublimación

La agresión es una herencia biológica que hemos recibido de otras especies animales que nos preceden en la escala evolutiva. Es un arma de doble filo. Sirve para protegernos de los ataques de determinadas personas, pero también sirve para invadir el territorio físico o psicológico de otros seres humanos.

El ser humano lleva miles y miles de años intentando erradicar la agresividad negativa que lleva dentro. La razón, el pensamiento y la educación son armas potentes para intentar regular el instinto agresivo.

Otra vía interesante de evolución de la agresión nos lleva hasta el mecanismo de sublimación. Se trata de canalizar la energía negativa que proviene de la agresividad y transformarla en energía positiva. Un buen ejemplo de ello son las competiciones deportivas.

Las guerras serían las versiones negativas de la agresión humana y el mundial de fútbol sería un buen ejemplo de la versión positiva. La imagen siguiente nos muestra la cara y la cruz de este fenómeno que estamos analizando.

Figura 1.5. Las dos caras de la agresividad humana

Versión negativa: la guerra (agresión)

Versión positiva: el deporte (sublimación)

Fuente: Elaboración propia, basado en *Braveheart* e infobae.com

Pero incluso en el último mundial de fútbol hubo grandes enfrentamientos entre diferentes aficiones, como por ejemplo los que protagonizaron los seguidores de Francia y Marruecos en París y otras ciudades francesas.

O sea, que estamos intentando avanzar en el control de nuestra agresividad, pero todavía queda mucho camino por recorrer. La agresión está dentro de la esencia de la naturaleza humana. La esperanza está en el desarrollo y el triunfo del pensamiento racional.

En las distintas actividades que realizamos los seres humanos siempre hay una disyuntiva entre colaboración y competición.

El miedo a la soledad, a la oscuridad y al silencio

Nuestro cerebro tiene grabadas sensaciones, emociones y experiencias ancestrales negativas relacionadas con el riesgo de estar solo, la oscuridad de la noche y el silencio. Estas diferentes situaciones generan miedo. Y preferimos estar en grupo, de día y en un ambiente donde se note la actividad de la vida diaria.

En las tribus o clanes en los que vivían nuestros antepasados, vivir en grupo ofrecía mayores probabilidades de supervivencia; lo mismo ocurría con las situaciones a la luz del día o con el ruido y la actividad de la vida diaria en comunidad.

En el fondo, pertenecer al grupo de seguidores de una comunidad de marca genera un tipo de tranquilidad y seguridad parecidas a las que ofrece la vida en sociedad. Ya veremos más adelante que la pertenencia al grupo es uno de los escalones de la famosa pirámide de las necesidades y de las motivaciones de Maslow.

Experimentamos sensaciones positivas al pertenecer a un club, a un equipo de fútbol, a un partido político, a una orientación religiosa, a una comunidad de marca, a un segmento de consumidores, a un grupo de amigos, etc. Estos fenómenos nos hacen sentirnos bien.

El cotilleo y el concepto de reputación

Ya hemos comentado previamente que hay una correlación entre el desarrollo del módulo racional del cerebro de una especie y la complejidad de su vida social. Este es el caso de algunas especies de pájaros, el elefante, algunos cetáceos (ballena, delfín) y, de forma especial, del ser humano.

Siguiendo a Robin Dunvar, un antropólogo, psicólogo y biólogo evolucionista de origen británico especializado en el comportamiento de los primates, 150 es el número «mágico» cuando nos referimos a la cantidad de personas con las que un individuo puede relacionarse de alguna manera.

Este experto establece una relación directa entre la actividad social y el tamaño y la complejidad de la neocorteza cerebral. Cuando el entorno social empieza a aumentar de tamaño, resulta más difícil sentir confianza hacia determinadas personas, porque no puedes llegar a conocerlas suficientemente o en profundidad. Por esta razón, entra en juego y empieza a adquirir importancia la reputación social.

Cuando hay muchas marcas o empresas operando en el mercado, se produce el mismo fenómeno: no puedes llegar a conocerlas a todas de cerca y la reputación de la marca o de la compañía se convierte en un factor clave.

Podría ser esta la causa del origen del chismorreo (cotilleo). El prestigioso historiador Harari explica en su libro *Sapiens* la importancia de este fenómeno en las especies sociales.

Y es que el chismorreo bien entendido nos ayuda a aprender de las experiencias de otros individuos. Lo que les ocurrió, cuáles fueron las circunstancias y los desencadenantes, en qué hay que poner especial cuidado.

Mediante el cotilleo se configura el nivel de confianza y prestigio que despierta una determinada persona. Y este tema, de nuevo, puede tener consecuencias importantes para la supervivencia o el éxito de las decisiones que tomamos. Las personas de las que nos rodeamos son claves para nuestra trayectoria vital.

En la actualidad, este chismorreo se ha extendido hasta las redes sociales (Instagram, TikTok, WhatsApp...), que permiten cotillear sobre miles o millones de personas posibles. Los relatos o historias (narratividad) sobre las demás personas nos aportan aprendizajes y emociones muy diversos.

Como acabo de comentar, el cotilleo influye en la construcción del eje confianza-desconfianza sobre una persona en concreto. Y el grado de confianza que depositamos en una persona o en otra tiene un efecto directo en las emociones y situaciones que experimentaremos en el futuro.

Y, del mismo modo, me gustaría destacar que los comentarios o reseñas de los consumidores en las redes sociales, foros o páginas web tienen una poderosa influencia en las decisiones de compra de otros consumidores.

En el caso de las compañías una buena reputación:

- atrae talento;
- atrae clientes;
- puede suponer un mayor nivel de precio y margen.

El lenguaje, la comunicación y el storytelling

El lenguaje ha ejercido un rol fundamental en el desarrollo de la vida social de nuestra especie. El lenguaje es una herramienta mágica, que se encuentra a mitad de camino entre la realidad externa (objetiva) y la realidad interna (subjetiva). El lenguaje dio lugar a los mitos, a las historias, a la literatura.

Cada letra del alfabeto y cada sonido lingüístico son una especie de piezas de Lego, de tal forma que con una pequeña cantidad de versiones se pueden construir infinitas modalidades. El lenguaje tiene una naturaleza creativa impresionante.

Y el lenguaje nos lleva hasta el *storytelling*. Hay algo genuino en nuestra especie, que es la capacidad de contar historias. Muchas comunicaciones actuales de diferentes marcas, en televisión o en Internet, giran alrededor de una historia capaz de activar emociones en la audiencia. Estas campañas tienen el poder de estimular más las ventas del producto o servicio que publicitan.

Hace aproximadamente 40.000 años nació el arte paleolítico. Fue probablemente en esta época cuando el ser humano empezó a contar historias a partir de las pinturas rupestres.

Ya en nuestros días, muy lejos de la época de las cavernas, Polly Wiesnner, una antropóloga de la universidad de Utah (Estados Unidos) ha pasado varios años conviviendo con la tribu de los !Kung, un grupo de bosquimanos que viven actualmente en el desierto del Kalahari (África).

Mediante sus investigaciones con este grupo social y cultural, Wiesnner ha podido comprobar que el 81% de las conversaciones que mantiene esta tribu alrededor del fuego nocturno adopta el formato de una historia (*storytelling*). Y se deduce que este tipo de actividades ha contribuido enormemente a la evolución social y cultural del ser humano.

Las historias nos han ido acompañando con el paso del tiempo (arte rupestre, teatro clásico en Grecia y Roma, las vidrieras de las catedrales, juglares, libros, cine, radio, televisión, redes sociales…).

Según la investigación realizada por la consultora Kantar (2023) sobre las 100 marcas más valiosas del mundo, Netflix se mantiene en la posición n.º 36. Podemos afirmar que en estos momentos Netflix es el mayor contador de historias en formato audiovisual del mundo.

En esta misma línea, cuando vamos a presentar los resultados de una investigación sobre una marca, producto o servicio, generalmente los clientes (la audiencia de la presentación) prefieren que utilicemos el modelo del *storytelling*. Nos encantan las historias porque nos impactan más, son más emocionantes/emocionales y se recuerdan mejor.

Y, por último, la dimensión histórica y cultural

Para terminar este primer capítulo, me gustaría dedicarle unas palabras al nivel cultural e histórico. El ser humano se está beneficiando constantemente de la cultura. La dimensión histórica favorece una transmisión de conocimientos de generación en generación. Cada generación hereda un modelo de comprensión del mundo y unas pautas de actuación en relación con ese modelo. Al mismo tiempo, se encarga de ampliar y transformar el modelo cultural heredado. Es decir, que las personas se benefician de la cultura y viceversa.

El ser humano está constantemente adaptándose y readaptándose a dos niveles: biológico y cultural. Porque el *Homo sapiens* ha evolucionado de tal manera que tiene una relación especial y diferente con la naturaleza. La dimensión cultural ha alcanzado tal nivel de desarrollo que no nos permite ver con claridad cuál es el peso específico de la faceta biológica. En este sentido, resalta Juan Luis Arsuaga, el famoso paleoantropólogo español:

> El ser humano, según Mayr, al haber conseguido una gran independencia del ambiente, está menos necesitado de adaptaciones biológicas a las condiciones locales que los demás animales.
>
> Los humanos nos adaptamos culturalmente desde que un australopiteco talló una piedra y la acopló a su mano. No necesitamos modificar nuestros órganos biológicos a cada ecosistema, para eso disponemos de las herramientas que fabricamos, que a todos efectos pueden considerarse órganos artificiales, prótesis, sean un palo para cavar o una cantimplora.

La cultura se convierte así en una especie de gafas que nos ayudan a ver y entender el mundo que nos rodea; podríamos decir que cada modelo de gafas (marco cultural) tiene sus ventajas y sus limitaciones. Dicen José Antonio Marina y Javier Rambaud en *Biografía de la humanidad*: «Cada cultura dispone de su propia caja de herramientas con las que descifra, maneja y construye el mundo». «Vivimos al mismo tiempo en un mundo real y en un mundo interpretado».

Los genes son en el plano biológico lo que los memes representan en el plano cultural e histórico. En palabras de Harari, de la misma manera que la evolución orgánica se basa en la replicación de unidades de información denominadas genes, la evolución cultural se basa en la replicación de unidades de información cultural llamadas memes.

Lo primero de todo fue la naturaleza. Posteriormente, apareció el ser humano, que también formaba parte de esa naturaleza. Pero la naturaleza estaba repleta de peligros.

Empezó entonces el desarrollo de la tecnología como una parte muy importante de la cultura: al principio una simple piedra, luego un hacha, posteriormente una lanza, más tarde la rueda… y así hasta llegar a la luna, el *big data* o el gran debate que existe en la actualidad sobre la inteligencia artificial.

La ciencia y la tecnología han llegado a ser tremendamente importantes en nuestra vida, en nuestras ciudades. Y la naturaleza ha quedado marcada como un sinónimo de peligro (descontrol) y de belleza también (la naturaleza siempre nos genera una sensación indescriptible).

El ser humano se alió con la ciencia y la tecnología para defenderse, para crear un mundo alternativo. Se fue explotando el medio ambiente. Todo ello ocurrió poco a poco bajo el paraguas y el desarrollo cultural. Surgieron así las grandes ciudades donde vivimos hoy, los rascacielos, las casas modernas y los automóviles contaminantes.

Está claro que estamos viviendo de espaldas a la naturaleza, que nos creemos por encima de ella y que la estamos destruyendo rápidamente día tras día. Pero, ¡ojo!, no nos equivoquemos: el planeta Tierra es nuestro hogar y no nos podemos olvidar que somos naturaleza. Necesitamos volver a ella. Nuestra ciencia, tecnología, ciudades, edificios de oficinas, casas/hogares, vehículos de transporte... tienen que ser *nature centric* (focalizados en la naturaleza; el medio ambiente tiene que ser el protagonista).

No hay otra salida que recuperar la naturaleza como el elemento más importante de nuestra vida en cada cosa que hacemos. No hay otra solución posible: tenemos que retornar a la naturaleza y, además, traer el medio ambiente a nuestra vida).

Ya hay compañías, empresas y marcas que han iniciado el camino de vuelta. Están apostando por el marketing, la fabricación y el consumo responsables. Tenemos que reconciliarnos con la naturaleza a través de un fuerte compromiso con la sostenibilidad del planeta.

Las dos grandes conclusiones de este debate son:

• Somos naturaleza.

• Y necesitamos humanizar al máximo la tecnología.

La siguiente imagen pretende inspirar, ser un punto de partida del gran cambio que necesitamos dar al rumbo actual que lleva la humanidad.

Figura 1.6. Regresar a la naturaleza

Somos naturaleza y tenemos que retornar a ella
Necesitamos humanizar y naturalizar al máximo la tecnología

Fuente: Elaboración propia.

Tenemos que llegar a un equilibrio entre naturaleza, ser humano y tecnología.

Llegamos así al final de este recorrido por los fenómenos más relevantes de la trayectoria histórica de la humanidad y sus huellas en el comportamiento del consumidor actual. Estamos ante un momento de la historia muy moderno e incierto… Tenemos grandes retos delante de nosotros. Pero quizá en el pasado, en cada momento histórico, nuestros antepasados han experimentado la misma sensación que nosotros tenemos ahora; es decir, que todo era muy moderno en comparación con las generaciones anteriores. Parece ser que todo es relativo.

2

¿Cómo podemos conocer al consumidor?

El triángulo mágico

Market research (*business intelligence*, investigación de mercados) y *consumer behavior* (comportamiento del consumidor) son dos caras de la misma moneda; son complementarios. La investigación de mercados nos permite comprender las conductas del consumidor y sus decisiones de compra (hasta donde nos es posible entender hoy en día, porque todavía queda mucho por investigar y descubrir).

Si a estas dos piezas le añadimos la tercera que son las decisiones de negocio, llegamos a lo que podemos denominar el «triángulo mágico»: investigar, diagnosticar y actuar. Porque los dos primeros pasos (investigar y diagnosticar) están orientados hacia el tercero: tomar las mejores decisiones posibles de negocio y llevar a cabo acciones de marketing, comunicación, innovación, comerciales… más eficaces.

Estas son las bases del marketing psicológico, un tipo de marketing, innovación y publicidad basados en el análisis completo y profundo del consumidor.

Todos estos elementos aparecen sintetizados en la Figura 2.1.

Figura 2.1. El triángulo mágico

Market research, análisis del consumidor y decisiones de negocio
(investigar → diagnosticar → actuar)

Fuente: Elaboración propia.

Las fuentes de información

Cada vez disponemos de más información y datos sobre los individuos, ciudadanos, consumidores, compradores, audiencias, internautas, votantes, etc. En la actualidad, los avances tecnológicos nos permiten monitorizar más y de una mejor manera a las personas, y disponer de más datos sobre su comportamiento, sus motivaciones y frenos, sus emociones, sus actitudes y su personalidad. Por supuesto, es básico tratar esta información siguiendo la nueva ley de protección de datos de una forma ética y con mucho respeto hacia la población.

Vamos a detenernos ahora en las diferentes fuentes de información sobre nuestro público objetivo, ya sea particular (B2C) o profesional (B2B).

La Figura 2.2 nos muestra las principales metodologías disponibles en la actualidad.

Figura 2.2. Fuentes de información sobre el consumidor

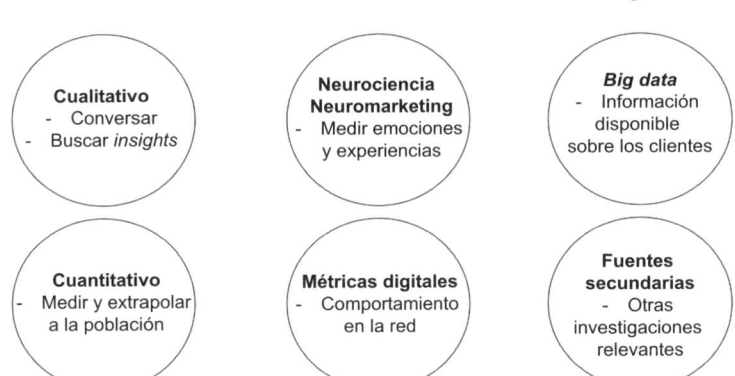

Fuentes de información dentro del *business intelligence*

Tenemos seis fuentes de información de distinta naturaleza y que vamos a ir analizando una a una. En la columna de la izquierda podemos ver los enfoques metodológicos cualitativo y cuantitativo. Los he puesto juntos porque ambos son declarativos; es decir, necesitamos acceder al *target* relevante de la investigación y necesitamos también que comparta con nosotros su punto de vista sobre el producto, servicio o marca objeto de estudio.

Cualitativo

La metodologia cualitativa es abierta, exploratoria y busca entender la relación que existe entre un consumidor y un estímulo de marketing. Es un enfoque idóneo para explorar un fenómeno del mercado, entrar en la subjetividad de los compradores e identificar un *insight* que explique su comportamiento, sus motivaciones o sus emociones. El método cualitativo es de naturaleza interpretativa.

Dentro del marketing psicológico el método cualitativo es muy adecuado para explorar motivaciones y barreras del consumidor, emociones, actitudes y rasgos de personalidad, es decir, el perfil psicográfico o psicológico del *buyer persona*.

Busca la profundidad y la comprensión, el porqué de los fenómenos del mercado. Tiene un formato conversacional y trata de establecer una relación lo más espontánea y natural posible con el público objetivo.

En la actualidad podemos distinguir cuatro tendencias dentro de la dimensión cualitativa:

1. El laboratorio. Nos referimos a aquellas investigaciones que se realizan en nuestras salas, especialmente diseñadas para establecer un diálogo abierto con los consumidores. Los formatos principales son los siguientes:

   • La reunión de grupo, *focus group* o grupo de discusión. Lo más habitual es disponer de un moderador, entre 7 y 9 participantes que no se conocen entre sí, una sala y una duración de alrededor de 2 horas.

   • La entrevista en profundidad. En este caso, estamos ante un formato individual; hay un moderador, un entrevistado y dura entre 45 y 60 minutos, aunque el tiempo de duración es flexible y se puede adaptar a los objetivos de la investigación. Se utiliza mucho con profesionales (en el entorno B2B) y con los consumidores para complementar las pruebas de neurociencia.

2. El cualitativo digital. El objetivo y la filosofía de la investigación no cambia: enfoque exploratorio y conversacional. Lo único que se modifica es el formato. En vez de realizar una reunión física, se lleva a cabo un encuentro virtual (*online*). Hay que destacar dos técnicas principales:

   • Reunión de grupo digital. Se procura reducir ligeramente el tamaño del grupo (5 o 6 personas). Se suele mantener la duración de 2 horas. Además de la conversación espontánea, esta técnica permite observar algunas características, productos o fenómenos de los hogares de los participantes (cierto enfoque etnográfico). Y, además, favorece la interacción entre personas que viven en distintas ciudades, pueblos o zonas geográficas.

   • La entrevista digital. Tiene las mismas características que la entrevista en profundidad, excepto que se realiza a través de una plataforma *online*.

3. El enfoque etnográfico. La característica principal es que se lleva a cabo en el hábitat natural donde se desenvuelven habitualmente los consumidores: su casa, el supermercado, el hipermercado, el bar, la discoteca, el parque temático, el casino, etc. El objetivo principal continúa siendo crear un discurso libre y espontáneo con los participantes, pero en este caso también se persigue poder observar el entorno, el contexto donde se desarrollan los fenómenos del mercado y los comportamientos de los consumidores. En este sentido, es una metodología más vivencial y experiencial. Las principales técnicas son:

- El grupo etnográfico. No se trata de un grupo artificial creado para la investigación (como en el caso del *focus group*), sino que estamos ante un grupo natural. Por ejemplo, un grupo de jóvenes amigos que salen de copas por la noche, tres parejas de adultos que van a cenar a un restaurante, etc. A veces, el objeto de estudio es el núcleo familiar y las sesiones se tienen con todos los miembros del hogar; por ejemplo, la relación que establece cada uno de ellos con el frigorífico o con la alarma de seguridad; se trata de estudiar la experiencia y el significado de los productos y servicios. La duración es más variable que en las técnicas anteriores y depende mucho del objetivo y el lugar donde se desarrolle la investigación.

- La entrevista etnográfica, que es la versión individual. Se suele utilizar bastante con profesionales, a los que se les entrevista en su entorno de trabajo.

4. El enfoque neurocualitativo. Es el más reciente y consiste en la combinación de técnicas cualitativas con técnicas de neurociencia. El formato individual (entrevista en profundidad) encaja muy bien con la neurociencia; en primer lugar, se realizan las pruebas de neuromarketing y luego se genera una conversación abierta sobre el material presentado.

Las técnicas de neurociencia que mejor se complementan con el enfoque cualitativo son: *eye tracker*, *skin conductance*, electroencefalograma y realidad virtual. Todas ellas funcionan bien con muestras pequeñas (alrededor de 20 o 30 personas).

Todos estos enfoques y técnicas cualitativas se pueden combinar entre sí dando lugar a una enorme variedad de posibilidades y de diseños metodológicos, que se pueden adaptar de forma personalizada a los objetivos de la investigación y a las necesidades de cada cliente.

El enfoque neurocualitativo es una tendencia reciente en la que se combinan la fortaleza de las técnicas cualitativas (exploración abierta y en profundidad) con las ventajas de las métricas que nos ofrece la neurociencia (poder medir las emociones).

En cualquiera de las cuatro tendencias que existen actualmente en cualitativo, se pueden incluir las técnicas proyectivas. Son transversales.

Las técnicas proyectivas buscan la conexión con el sistema emocional del cerebro del consumidor. Se le pide al participante o al grupo que proyecte, es decir, que imagine una imagen a partir de un estímulo de marketing. Por ejemplo, una marca; en un primer momento, podemos invitar a los consumidores a que nos hablen de Instagram, de sus características, de los atributos que construyen su imagen, etc. Y nos dirán que Instagram es una marca moderna, joven, visual, estética... Esto sería el caso del discurso libre y espontáneo del grupo de discusión.

Además, les podemos pedir que hagan un ejercicio de imaginación y que proyecten cómo sería Instagram si fuera una casa, una persona, un objeto, un animal, una planta, un color, una música, un paisaje, una imagen... Del mismo modo, podemos proyectar el *buyer persona* de la marca Instagram. Todas las asociaciones que vayan surgiendo están muy conectadas con el mundo emocional de la persona. Las técnicas proyectivas intentan sacar a la luz elementos inconscientes que están sumergidos en la mente del consumidor y que están influyendo en sus comportamientos de compra y consumo.

Cuantitativo

La metodología cuantitativa también es declarativa como el cualitativo, pero su principal objetivo es medir distintas variables en una muestra elegida al azar y extrapolar el resultado al resto de la población (universo). Es de naturaleza estadística.

Para ello se necesitan muestras de cierto tamaño. Es decir, necesitamos que los consumidores nos digan la frecuencia, el *ranking*, la puntuación exacta, la valoración en una escala… para poder investigar la distancia matemática existente entre las diferentes marcas u opciones.

El cuantitativo es un enfoque muy apropiado para explorar las motivaciones y los frenos de los consumidores, así como sus actitudes.

Hay diferentes enfoques (postal, personal, telefónico), pero el que se impone de forma clara y a nivel mundial es la metodología digital: la encuesta *online*.

Una de las últimas tendencias dentro del cuantitativo es la metodología neurocuantitativa. Aunque presenta múltiples combinaciones, el planteamiento más habitual es la combinación de la encuesta digital con *eye tracker*, *facial coding* o test de asociaciones implícitas.

Estas tres herramientas de neurociencia se pueden utilizar *online*. *Facial coding* y test de asociaciones implícitas necesitan muestras de cierto tamaño. De nuevo nos encontramos con múltiples combinaciones que se deciden en función de las características de la investigación.

Neurociencia

El neuromarketing es una disciplina bastante reciente y tiene entre sus objetivos principales medir las sensaciones, emociones y experiencias de los consumidores, incorporando la utilización de herramientas tecnológicas. Aunque es una forma de investigar no declarativa (implícita), lo ideal es combinarla con otros enfoques, como por ejemplo el cualitativo o el cuantitativo.

Los equipos tecnológicos registran las reacciones de los sentidos y del sistema nervioso de los participantes (marketing sensorial, marketing emocional, marketing experiencial).

Es un enfoque objetivo, ya que el consumidor no puede influir en las respuestas del cerebro y del sistema nervioso. Pero, como acabamos de señalar, lo ideal es complementar las metodologías de neurociencia con las otras fuentes de información declarativas (cualitativo y cuantitativo) o no declarativas (analítica). De esta forma se llega a los nuevos enfoques:

- Neurocualitativo.
- Neurocuantitativo.
- Neuroanalítica.

Cuantas más fuentes de información utilicemos en una investigación, mejor serán la calidad y el alcance de las conclusiones y recomendaciones. Porque la foto del fenómeno de marketing que estemos investigando será más nítida.

Se denomina *triangulación* a la combinación de dos o más enfoques metodológicos, técnicas, expertos (especialistas), modelos de análisis... dentro de una misma investigación con el fin de obtener un mejor diagnóstico y enriquecer los resultados.

Las herramientas de neuromarketing que se utilizan más frecuentemente son: *eye tracker* (ET), test de asociaciones implícitas (TAI), *facial coding* (FC), *skin conductance* (SC) y electroencefalograma (EEG). Las mejores tecnologías para medir las emociones son *skin conductance*, electroencefalograma y *facial coding*. La técnica ideal para explorar las actitudes y los prejuicios del consumidor es el test de asociaciones implícitas.

Marketing digital

Los indicadores que se utilizan en marketing digital nos permiten obtener métricas muy variadas, generalmente de naturaleza cuantitativa, sobre el comportamiento del consumidor en la red, páginas web, aplicaciones, *landing pages*, *e-commerce*, vídeos, etc.

Las diferentes herramientas digitales ponen a nuestra disposición datos muy precisos sobre las reacciones de los internautas a las diferentes acciones que podemos llevar a cabo en el universo *online*: SEO, SEM, comunicación digital en sus diferentes versiones, página web, *landing page*, aplicaciones (*apps*), página de *e-commerce*, redes sociales, blogs, foros, etc.).

Podemos conseguir también datos de las marcas competidoras para establecer una percepción comparativa. Suele ser información descriptiva que necesita la mirada de un experto para llegar a conclusiones accionables.

Big data

Se trata de toda la información y datos que una compañía obtiene de forma tecnológica sobre sus clientes, el mercado, la empresa… con el fin de identificar patrones de comportamiento y de entender sus necesidades actuales y futuras.

Se están produciendo muchos avances en este campo. La llegada de la inteligencia artificial está abriendo nuevas posibilidades, tales como:

- Automatizar procesos.
- Conseguir gran cantidad de información (volumen) en tiempo real (velocidad).
- Integrar distintas fuentes de información (variedad).
- Y poder llegar a *targets* específicos.

Cuando se dispone de un *big data* potente, se pueden crear algoritmos, modelizaciones y simulaciones que ayuden a construir escenarios de reflexión sobre las posibles acciones que podría llevar a cabo la compañía o una marca concreta.

La combinación de datos procedentes de las actividades de marketing digital o *big data* con las métricas que nos ofrece la neurociencia está dando lugar a otra nueva tendencia denominada neuroanalítica.

Fuentes primarias y secundarias

Hasta ahora hemos visto cinco fuentes de información o enfoques metodológicos: cualitativo, cuantitativo, neurociencia, métricas digitales y *big data*. Los tres primeros componen el grupo de los *insights*, mientras que los dos últimos dan forma al *cluster* de *analytics* (analítica de datos). Y ahora nos vamos a centrar en la sexta vía de información: las fuentes secundarias.

Decimos *fuentes primarias* cuando nos referimos a todas las investigaciones que se han llevado a cabo específicamente para resolver un problema de marketing o de negocio determinado. También podríamos incluir aquí aquellas fuentes secundarias que nos ofrecen datos directamente relacionados con el tema que estamos investigando.

Las *fuentes secundarias* hacen referencia a aquellas informaciones disponibles en el mercado y que guardan una relación más o menos directa con el fenómeno de negocio objeto de estudio. Pueden ser documentos accesibles vía Internet, informes generados por organismos oficiales, fundaciones de las empresas, cámaras de comercio, investigaciones realizadas por las agencias de *business intelligence* y que las comparten de forma gratuita… Estas fuentes pueden ser muy diversas.

Habitualmente, antes de realizar el diseño metodológico de una investigación, se suelen explorar todas las fuentes secundarias. Este tipo de investigación o esta fase del proceso se denomina *desk research*. Una vez que se analiza la información conseguida por esta vía, se procede al diseño de las investigaciones necesarias para completar los datos disponibles y resolver el problema.

Fuentes externas e internas

Las fuentes internas de información se refieren a datos, informaciones, documentos o investigaciones que se han realizado dentro de la compañía o son propiedad de esta. Por su parte, las fuentes externas hacen alusión a todas las soluciones que provienen de fuera de la empresa, casi siempre de agencias externas de *business intelligence*.

La Figura 2.3 pone en relación las fuentes primarias, secundarias, internas y externas.

Para la realización del análisis psicológico del consumidor o *buyer persona* podemos utilizar las siguientes metodologías:

- Investigación cualitativa para las motivaciones, frenos, emociones, actitudes y personalidad.

- Investigación cuantitativa para las motivaciones, frenos y actitudes.

- Neurociencia para las emociones (*facial coding*, *skin conductance* y electroencefalograma) y actitudes/prejuicios (test de asociaciones implícitas).

- Métricas digitales → comportamiento en Internet y en las redes sociales.

- *Big data* → comportamientos en general y/o en relación con los productos o servicios que comercializa la compañía.

Figura 2.3. Clasificación de las fuentes de información

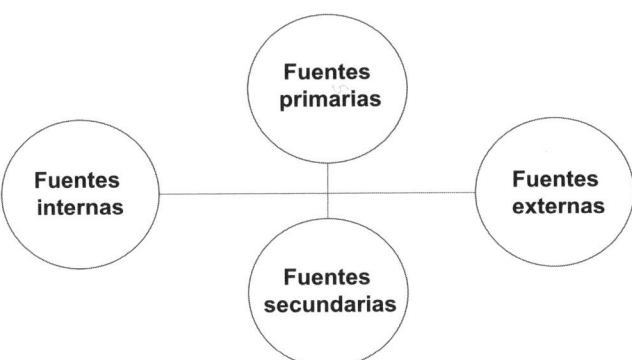

Fuente: Elaboración propia.

PARTE II
El «edificio» psicológico del consumidor

3

Las motivaciones y las barreras

Las necesidades influyen en nuestras decisiones

Estamos buscando las principales claves de la toma de decisiones del consumidor. Para ello hay que hacer un análisis psicológico completo del segmento al que nos estamos dirigiendo o nos queremos dirigir. Las motivaciones y las barreras pueden influir directamente en el proceso de tomar una decisión. Por este motivo nos vamos a centrar en este tema a lo largo de este capítulo.

En general, cuanto más básica es una necesidad, más tiende a influir en la toma de decisiones.

Según nuestro referente, Michael R. Solomon, la motivación se refiere a los procesos que llevan a los consumidores a comportarse de una manera determinada. Es decir, que las motivaciones pueden influir directamente en las decisiones y en el comportamiento del comprador.

La persona se encuentra en un estado constante de cambio, que varía entre momentos de satisfacción y momentos de insatisfacción. Es una especie de equilibrio inestable. Cuando sobreviene la necesidad de comer algo, por ejemplo, quiere decir que se ha roto el equilibrio, se ha quebrado la homeostasis del organismo.

Entonces, la persona necesita ingerir nutrientes para recuperar el estado de bienestar anterior.

Podemos ver este proceso de forma gráfica en la imagen siguiente.

Figura 3.1. La búsqueda constante del equilibrio motivacional

Homeostasis – tensión – homeostasis – tensión – homeostasis…

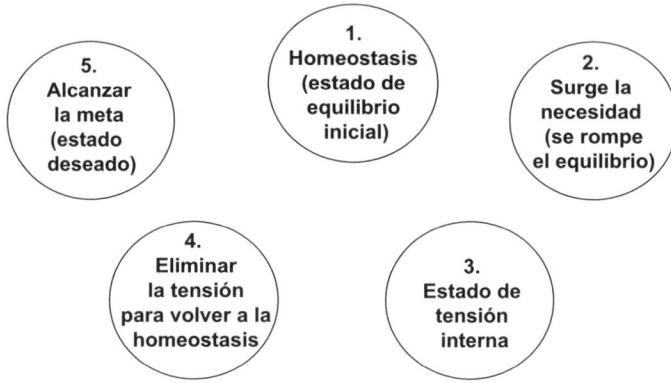

Fuente: Elaboración propia.

Acabo de poner el ejemplo de una necesidad de tipo biológico, como es el caso de tener hambre. Pero, como veremos más adelante, hay necesidades de diferentes niveles:

- Biofisiológicas (fotofobia).
- Psicológicas (ser el centro de atención en una reunión o fiesta).
- Y sociales (comprar un coche deportivo que muestre el estatus del propietario).

Por lo tanto, la motivación es la razón por la que los seres humanos (y otras especies animales) inician, continúan o terminan un comportamiento en un momento dado.

El objetivo del equipo de marketing de una empresa es satisfacer las necesidades y motivaciones del *target group* (segmento de la población al que se dirige y pretende captar o fidelizar).

Los conflictos motivacionales dificultan la toma de decisiones

Una meta u objetivo puede tener varias valencias para una persona:

- Valencia positiva → atracción/motivación («me gustan las series policíacas»).

- Valencia negativa → rechazo/barrera («no me gustan las películas de ciencia ficción»).

- Ambivalencia → se produce atracción y rechazo al mismo tiempo («me gustan las series de terror, pero me dan miedo»).

- Valencia neutra → se genera un estado de indiferencia hacia un objeto determinado («el otro día vi una comedia que ni fu ni fa»).

Las posibles combinaciones de estos elementos nos llevan hasta tres conflictos motivacionales básicos:

- Aproximación – aproximación → «mis dos grupos de música favoritos organizan un concierto dentro de dos meses, el mismo día y a la misma hora».

- Aproximación – rechazo → «me gustaría tomar un trozo de esta tarta de queso; tiene muy buena pinta, pero veo que lleva trozos de chocolate y no me gusta nada el chocolate».

- Rechazo – rechazo → «es que no me apetece ninguna de las dos opciones que hay como primer plato en el menú del día; ¿me podrías servir una ensalada de primero?».

El siguiente gráfico nos ilustra de una forma visual estos tres posibles conflictos motivacionales que pueden surgir en la mente del consumidor.

Figura 3.2. Tipos de conflictos motivacionales

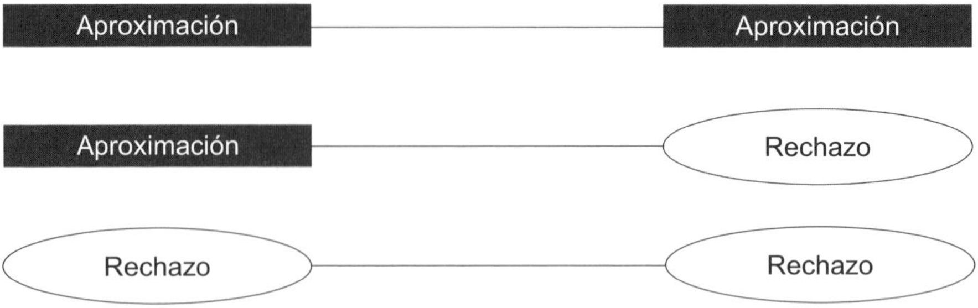

Aproximación	Aproximación
Aproximación	Rechazo
Rechazo	Rechazo

Fuente: Elaboración propia.

El fenómeno de la disonancia cognitiva

La teoría de la disonancia cognitiva proviene de la psicología social. En líneas generales, se refiere a la aparición de un conflicto en la mente del consumidor.

Veamos algunos ejemplos que nos ilustren este concepto. Un consumidor está con los amigos en la terraza de un bar tomando unas cervezas. Hasta este preciso instante se ha tomado una jarra de cerveza y está a punto de pedir otra. Estamos ante una situación típica en la que puede surgir el fenómeno de la disonancia cognitiva.

Entremos en el mundo interno de este consumidor, en su mente, en su cerebro. Por un lado, una parte de su mente apuesta por tomar otra cerveza. Generalmente, son áreas del cerebro que están centradas en la satisfacción inmediata de las necesidades y en todo lo que tiene que ver con el momento presente. Es decir, que atiende al «aquí» y el «ahora mismo».

Pero, de repente, entra en juego la parte racional de la mente del consumidor, que está más orientada hacia el futuro, hacia las posibles consecuencias de nuestras decisiones y comportamientos; está más focalizada en el «después», en el día de mañana. Es como si fuera otra «voz interna» que nos dice que es mejor no tomar esa segunda jarra de cerveza, porque el consumidor tiene que conducir, o porque no quiere tener una «barriga cervecera».

En este caso, también se aprecia el conflicto motivacional aproximación («quiero tomarme una segunda cerveza») – rechazo («no quiero engordar»).

Pues bien, los equipos de marketing de las compañías pueden encontrar en este tipo de conflictos una oportunidad para innovar. De esta manera es como nació la cerveza sin alcohol, o la variedad 0,0. En estos momentos está creciendo mucho la nueva alternativa 0,0 tostada.

Pero para que estos lanzamientos funcionen bien en el mercado es necesario que el producto tenga un buen sabor, una buena apariencia externa y, al mismo tiempo, no contenga alcohol o calorías. Es decir, hay que satisfacer a las dos «voces interiores» que hay dentro de la mente del consumidor: la que anima a tomar una bebida placentera y la que nos recuerda las posibles consecuencias negativas a corto o medio plazo. Esta es una de las posibles soluciones para desactivar la disonancia cognitiva.

Otro fenómeno similar nos podemos encontrar en los consumidores que se sienten atraídos por los helados. «Quiero tomarme un buen helado, pero no quiero coger peso». En esta situación, algunos fabricantes han lanzado al mercado un nuevo formato de helado: menor tamaño, por tanto, menos calorías, y mejor sabor (mayor placer en la degustación del producto). Estamos ante otra solución interesante para intentar evitar o reducir la disonancia cognitiva.

La pirámide de Maslow

El modelo de Maslow (1943) es una teorización clásica en el análisis de las necesidades humanas, pero se sigue utilizando frecuentemente en la actualidad. Clasifica y jerarquiza las motivaciones en diferentes niveles, de menor a mayor complejidad; o, lo que es lo mismo, desde un nivel más biofisiológico hasta otros niveles más psicológicos:

- Nivel fisiológico → necesidades como comer, beber, dormir, etc.

- Nivel de seguridad → hace referencia a la necesidad de estar seguros y protegidos frente al entorno que nos rodea. Por ejemplo, la necesidad básica de tener una casa donde vivir; también puede ser el hecho de instalar una alarma para estar seguro dentro del hogar.

Figura 3.3. La pirámide de las necesidades de Maslow

Fuente: Elaboración propia, basado en Maslow (1943).

- Nivel de pertenencia → se refiere a la necesidad social del ser humano de ser aceptado por los demás y pertenecer a un grupo. Somos una especie muy social; somos gregarios por naturaleza. Necesitamos la aceptación, el cariño y la amistad de las personas que nos rodean.

  Este fenómeno psicológico de sentimiento de pertenencia a un grupo, lo podemos encontrar en los consumidores que comparten una misma marca. Las comunidades de marca (Apple, Instagram, TikTok…) son buenos ejemplos de esta necesidad.

  Como ya vimos en el capítulo primero, una de las peores cosas que nos pueden pasar es la soledad. En nuestra mente, estar solo es sinónimo de peligro, de amenaza de muerte. Y esto probablemente se debe a que, en la prehistoria, cuando un miembro de una tribu o clan se quedaba solo, tenía pocas probabilidades de supervivencia.

- Necesidad de reconocimiento → también tenemos necesidades relacionadas con la autoestima y la admiración. Por esta razón, utilizamos marcas de prestigio para que nos aporten cierto status o cierta imagen social.

- Y el último escalón de la pirámide de Maslow es la autorrealización. Este nivel es el más elevado y, por tanto, el más complejo.

Abarca diferentes necesidades, tales como la aceptación de la realidad, la resolución de problemas, la espontaneidad, la creatividad, la innovación, el crecimiento personal, etc. Un ejemplo en el terreno del marketing podría ser la personalización que buscan hoy en día la mayoría de los consumidores.

Veamos un ejemplo de cómo se puede aplicar el modelo de la pirámide de Maslow al sector de las gafas de sol. En la imagen siguiente aparecen clasificados varios comentarios de diferentes consumidores en relación con esta categoría de producto.

Figura 3.4. La pirámide de las necesidades de Maslow aplicada al mercado de las gafas de sol

Fuente: Elaboración propia, basado en Maslow (1943).

Vamos a aplicar ahora el modelo de Maslow a la navegación por páginas web o por páginas de *e-commerce*. Lo tenemos en la siguiente figura.

Pero, a pesar de la vigencia del modelo de Maslow y de no haber encontrado todavía una mejor reformulación o replanteamiento de las necesidades y las motivaciones, hay algunas críticas hacia este enfoque. Estas se centran principalmente en que la realidad del ser humano no es tan lineal ni tan ascendente como propone la conocida pirámide.

Figura 3.5. La pirámide de las necesidades de Maslow aplicada a la navegación
por las páginas web (*e-commerce*)

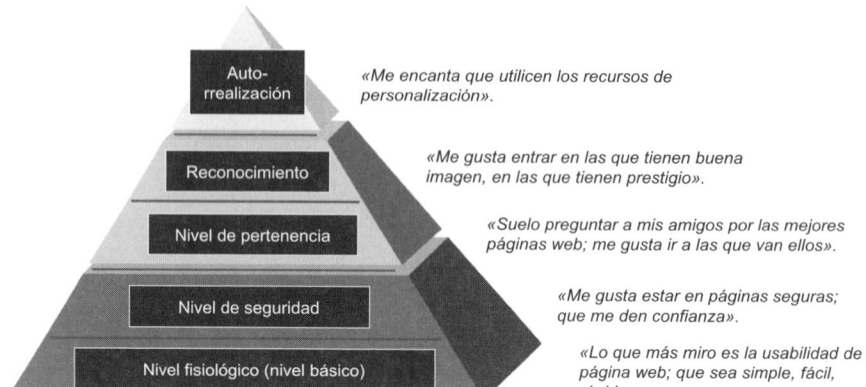

Fuente: Elaboración propia, basado en Maslow (1943).

El consumidor es bastante más complejo; por ejemplo, el uso de los pantalones vaqueros rotos por diferentes partes (rodilla, muslo, etc.) es contraintuitivo con el funcionamiento de la pirámide. En este caso concreto, el consumidor prioriza la autorrealización (ser tú mismo), la autoestima (llamar la atención) y la pertenencia a un grupo (el segmento juvenil) antes que las necesidades fisiológicas básicas, como la posibilidad de pasar frío en invierno.

Es decir que, a veces, las modas o las tendencias sociales empujan desde la parte alta de la pirámide generando una dinámica de arriba-abajo y no de abajo-arriba, como proponía Maslow. Este fenómeno lo podemos encontrar en la utilización de los tacones por parte de las mujeres o en los bolsos de fiesta. Tanto unos como otros aportan estética y glamour, pero se olvidan de los beneficios funcionales y básicos de la parte baja de la pirámide: andar cómoda o llevar un modelo de bolso que permita guardar las principales pertenencias. Desde un punto de vista práctico, los tacones son incómodos y en los bolsos de fiesta no se puede guardar prácticamente nada.

En algunos casos, también he tenido la oportunidad de utilizar en los análisis del mercado y del consumidor otros modelos relacionados con la pirámide de Maslow pero simplificados. Es el caso del modelo

BMW, que a pesar de su nombre no tiene nada que ver con la conocida marca de automóviles de gama alta.

La B viene de *body*, la M tiene su origen en *mind* y la W proviene de *world*. Es decir, siguiendo este esquema, podemos distinguir tres niveles:

- *Body* (cuerpo) → el nivel biofisiológico.
- *Mind* (mente) → el nivel psicológico.
- Y *world* (mundo) → el nivel sociológico.

Pues bien, si aplicamos este modelo al sector de las bebidas, nos encontramos con la siguiente clasificación (ver imagen siguiente):

Figura 3.6. Aplicación del modelo BMW al sector de las bebidas

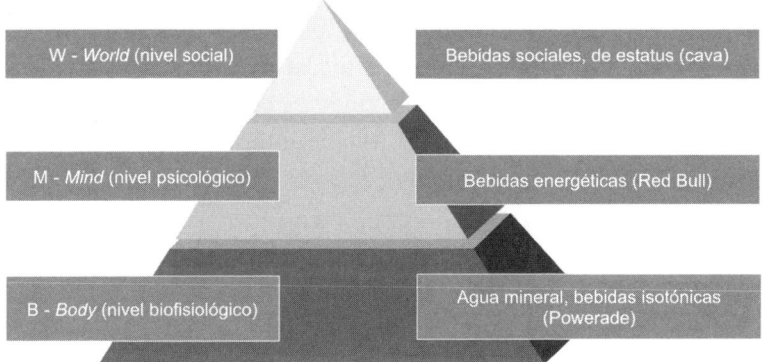

Fuente: Elaboración propia.

Las motivaciones y las barreras del consumidor

La palabra *motivación* viene del verbo latino *movere*, que quiere decir «moverse hacia» (ir en una dirección concreta). La motivación es un estado interno de tensión o atracción que dirige la energía hacia una meta u objetivo.

Lo contrario de tener una «motivación hacia» es mostrar una «barrera hacia». Una barrera es un estado interno de tensión o rechazo que dirige la energía hacia la dirección opuesta en la que se encuentra una posible meta u objetivo.

Los consumidores muestran motivaciones y barreras hacia las marcas, productos, servicios, *apps*, páginas web, *e-commerce*, plataformas de usabilidad, campañas publicitarias, puntos de venta físicos, envases/ etiquetas, etc.

Los equipos de marketing intentan resaltar las motivaciones de los productos y servicios que comercializan sus compañías. Y, al mismo tiempo, tratan de desactivar las barreras que presentan desde la perspectiva del comprador.

Hablar de las motivaciones de un producto es lo mismo que destacar sus aspectos positivos, sus ventajas o las características que lo hacen atractivo a los ojos del consumidor. En el entorno del marketing también se utilizan frecuentemente anglicismos tales como: *drivers*, *gains*, *likes* y *wants*.

Por otro lado, si nos centramos en los frenos que los compradores muestran hacia un producto, es equivalente a destacar sus aspectos negativos o sus inconvenientes. Se trata de aquellas características del producto que generan rechazo. Es frecuente encontrar anglicismos que funcionan como sinónimos: *barriers*, *stoppers*, *brakes*, *pains* y *dislikes*.

El análisis DAFO está directamente relacionado con las motivaciones y frenos hacia un producto o servicio (ver imagen siguiente).

Figura 3.7. Análisis DAFO

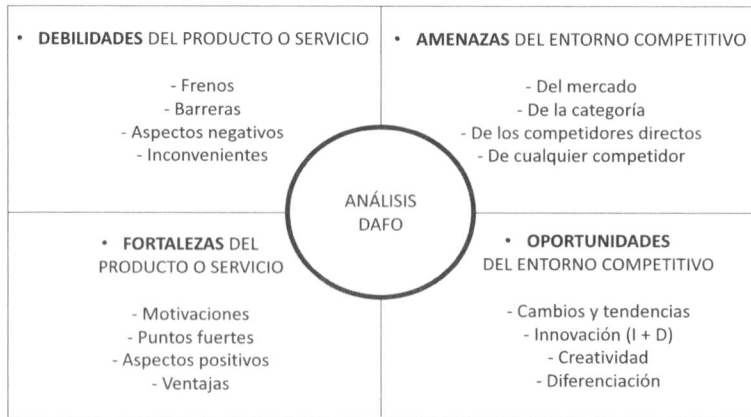

Fuente: Elaboración propia.

Cuando realizamos un análisis psicológico de los consumidores, nos encontramos que tienen motivaciones diferentes. Las motivaciones y las barreras dependen de la historia de aprendizaje de una persona en concreto. O sea, qué es lo que le ha impactado y ha grabado como placentero o displacentero en su mente.

Marcas, productos y servicios que son motivantes para una persona pueden presentar importantes barreras para otra. Y lo mismo ocurre respecto a un país o una cultura. Productos que son atractivos en una cultura concreta pueden generar rechazo en otra.

Por eso es tan importante realizar un análisis psicológico del consumidor y diagnosticar sus principales motivaciones y resistencias. Cuando hablamos de motivación se pueden distinguir cuatro variables diferentes:

- Activación → se refiere al estado de estar alerta, despierto y atento.

- Dirección → nos indica cuál es el objeto que genera una determinada motivación.

- Intensidad → hace referencia al nivel de la motivación, a la fuerza con la que empuja hacia el objetivo.

- Duración → se trata de la persistencia y la constancia de la persona hacia la meta.

Principales motivaciones de los consumidores

Como ya hemos destacado anteriormente las motivaciones varían según personas, países o culturas. Veamos algunas de las más importantes. Veamos algunas de las más relevantes en nuestra cultura.

Los equipos de marketing trabajan con las motivaciones y las resistencias de los consumidores para:

- Segmentar el mercado y dirigirse a un *target* específico.

- Resaltar las fortalezas del producto en las campañas de comunicación.

- Trabajar en el desarrollo de nuevos productos o servicios.

- Y desarrollar conductas específicas en los consumidores.

Figura 3.8. Posibles motivaciones de los consumidores

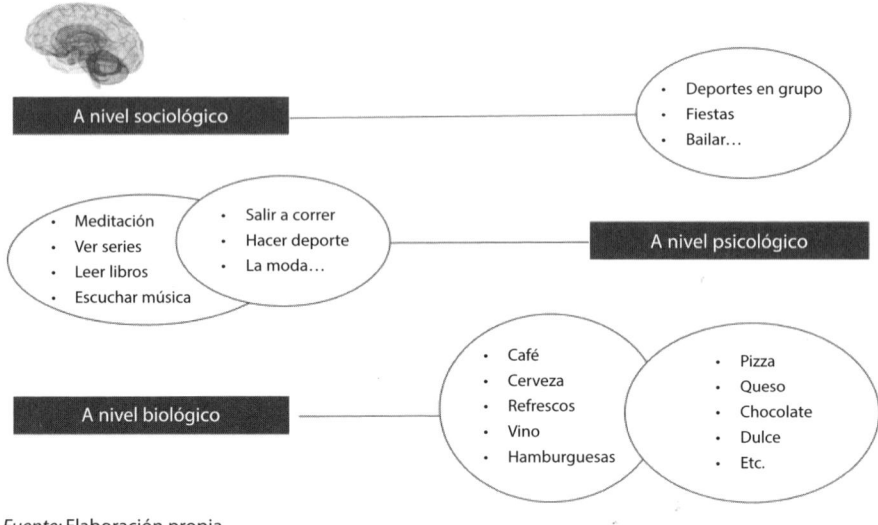

Fuente: Elaboración propia.

Las adicciones

El límite extremo de las motivaciones son las adicciones. ¿Cuál es la diferencia principal? En las adicciones la persona no es capaz de controlar su conducta. Las adicciones limitan al máximo la toma de decisiones. En estos casos, al consumidor le cuesta mucho tomar otra decisión que no sea la que le lleva directamente a la conducta adictiva. El individuo pierde el control y todo lo que pasa por su mente es una excusa para continuar con su comportamiento adictivo.

Veamos los principales ejemplos de productos o servicios que pueden resultar altamente adictivos para los consumidores:

- Las drogas.
- El tabaco.
- El alcohol.
- La comida (dulces, grasas, etc.).
- Los videojuegos.
- Las apuestas deportivas (*online* y *offline*).

- Las redes sociales.
- Etc.

En el caso de las adicciones el lóbulo prefrontal, al que podemos relacionar con la fuerza de voluntad, pierde el control de la situación y no puede tomar decisiones que miren por la seguridad, la calidad de vida y el bienestar del individuo a medio y largo plazo. Los deseos y los impulsos del momento presente se imponen a cualquier escenario futuro por muy negativo que este sea.

Las fuentes de información

Para identificar bien las motivaciones y los frenos de los consumidores, la mejor metodología es el cualitativo. La investigación cuantitativa, por su parte, nos permitirá medir la intensidad y el grado de importancia. Como se puede· apreciar, los enfoques declarativos nos permiten realizar un análisis motivacional del público objetivo.

Las motivaciones, las barreras y la neurociencia: el sistema de recompensa

Las motivaciones de los consumidores tienen que ver con el sistema de recompensa cerebral (*reward system*). Se trata del denominado *sistema dopaminérgico*. Como siempre que hablamos de la actividad cerebral, hay que destacar que son muchas las zonas y núcleos involucrados, pero los principales protagonistas en este caso son dos: el núcleo accumbens y el neurotransmisor dopamina.

El objetivo de las neuronas dopaminérgicas es alcanzar el núcleo accumbens. Ambos están directamente implicados en la sensación de placer al utilizar o consumir aquellos productos, servicios o marcas que nos resultan atractivos.

Cuando nos acercamos o simplemente pensamos en los productos o servicios que tanto nos atraen, se activa el sistema de recompensa, el núcleo accumbens, y aumenta la liberación de dopamina. Cuando se trata de marcas que nos disgustan, se produce el efecto contrario.

Y hay un aspecto curioso: la expectativa de recompensa puede llegar a ser más motivante que el premio en sí mismo. Los mecanismos de aprendizaje favorecen este fenómeno psicológico, es decir, cuando hay una elevada expectativa del estímulo motivante, el individuo responde a través del núcleo accumbens y la liberación de dopamina.

A continuación, he recogido algunas explicaciones del científico y neuroendocrinólogo estadounidense Robert Sapolsky sobre el sistema de recompensa; están tomadas de su libro *Compórtate (la biología que hay detrás de nuestros mejores y peores comportamientos)*:

- «Obtenga lo que esperaba y habrá un estado estacionario de goteo de dopamina. Obtenga más recompensa u obténgala más pronto de lo esperado y habrá un gran estallido; obtenga menos o más tarde y habrá una disminución».

- «El placer está en la anticipación de la recompensa, la recompensa en sí misma es algo secundario».

- «La dopamina no tiene que ver con la felicidad de la recompensa. Tiene que ver con la felicidad de la búsqueda de la recompensa que tiene una probabilidad decente de que se produzca».

Y también: «Nada alimenta más la liberación de dopamina que el "puede ser" de los refuerzos intermitentes».

El siguiente comentario del mismo autor nos da una idea de hasta qué punto están interrelacionadas las diferentes áreas del cerebro y cómo la comprensión de las distintas estructuras y su dinámica nos ayuda a entender mejor el funcionamiento de la mente del consumidor.

> A unos sujetos se les mostraba un artículo que tenían que comprar y el grado de activación del (núcleo) accumbens predecía cuánto estaban dispuestos a pagar. A continuación, se les decía el precio; si este era menor de lo que estaba dispuesto a gastar, se producía una activación de la corteza prefrontal ventromedial emocional; si era más caro, lo que se producía era una activación de la corteza insular relacionada con la repugnancia. Si se consideran todos los datos aportados por la neuroimagen, se podría predecir si la persona va a comprar o no ese artículo.

Esto es solo un ejemplo de cómo la neurociencia nos puede ayudar a comprender en profundidad el proceso de toma de decisiones del comprador.

Construyendo el edificio psicológico del *target*: los pilares, las motivaciones y los frenos

Desde ahora mismo y a lo largo de los diferentes capítulos que vienen a continuación, vamos a aprender cómo realizar un análisis psicológico del segmento de mercado que queremos alcanzar. De esta forma dispondremos de un modelo práctico que nos llevará hacia una manera de construir el *buyer persona*.

¿Qué es el *buyer persona*? Es un personaje imaginario, una especie de prototipo, que representa al segmento de la población al que nos queremos dirigir. Es un perfil sociológico y, sobre todo, psicológico de este grupo social. Es el objetivo que hay que tener siempre presente a la hora de diseñar las diferentes acciones de marketing, innovación, comunicación y comerciales que vamos a lanzar al mercado. Nos servirá de horizonte para toda la organización o empresa (los diferentes departamentos implicados).

Pero construyamos un *buyer persona* desde el principio. Veamos ahora y, en los siguientes tres capítulos, el proceso de elaboración. Vamos a centrarnos en el sector de las cervezas artesanales.

Un público muy consumidor de este producto son los hombres de 25 a 35 años.

Lo primero que tenemos que definir son los datos personales, por supuesto imaginarios, porque se trata de un prototipo. Posteriormente vamos con los datos sociodemográficos. Más tarde, los retos que tiene este *target* por delante. También definimos el estilo de vida. Y añadimos después las motivaciones y los frenos hacia la cerveza artesana.

La siguiente imagen ilustra los primeros pasos del proceso de realización del análisis psicológico y de construcción del *buyer persona*.

¿Cuáles son las ventajas de disponer de un *buyer persona* completo, profundo y eficaz?

- Lograr una mejor sintonía entre los diferentes departamentos de la compañía.

- Empatizar con el *target group*.

- Realizar acciones de marketing más personalizadas.

- Lanzar campañas publicitarias mejor adaptadas al público objetivo al que nos queremos dirigir.

- Y elegir un plan de medios óptimo para la comunicación (transmitir el mejor mensaje, en el mejor momento y en el mejor lugar).

Figura 3.9. *Buyer persona*

Buyer persona: análisis psicológico del *target* de 25-35 años y su relación con la cerveza artesanal		
1. Datos personales • Hombre • Iván • **30 años** • Vive en pareja (Silvia) • Tiene un perro (Robin) • Estudió Informática • Trabaja en ciberseguridad (banca)	**4. Estilo de vida** • Moderno y dinámico • Salir a cenar (también tardeo, aperitivo) • Ir a terrazas, restaurantes, pub y locales de moda • Montaña (escalada), esquiar y bicicleta • Viajar • Videojuegos	**7. Emociones** • Capítulo 4
2. Datos sociodemográficos • Vive en Madrid • En un piso de tamaño medio (alquiler) • Ingresos anuales (Iván): 30.000 € • Trabajan los dos miembros de la pareja • Clase social media-alta • Nivel cultural: universidad	**5. Motivaciones (cerveza artesanal)** • Sabor más intenso (poder degustarla) • Calidad • Naturalidad • Variedad (probar nuevas recetas cerveceras) • Imagen de consumidor maduro • Momentos (pareja, amigos, una pausa)	**8. Actitudes** • Capítulo 5
3. Retos • Conseguir un ascenso o promoción a nivel profesional • Comprar un piso (y que sea más grande) • Cambiar de automóvil	**6. Barreras (cerveza artesanal)** • Hay que estar pendiente del consumo (control) • Alcohol y conducción • Calorías y dieta	**9. Personalidad** • Capítulo 6

Fuente: Elaboración propia.

4

Las emociones

Las emociones influyen en nuestras decisiones

> «No olvidemos que las pequeñas emociones son los capitanes de nuestras vidas y las obedecemos sin siquiera darnos cuenta».
>
> Vincent Van Gogh

Una buena parte de nuestras decisiones de compra están determinadas por nuestras emociones hacia las marcas, los productos y los servicios disponibles en el mercado, a pesar de que, como decía el famoso pintor Van Gogh, puede que no seamos conscientes de este fenómeno.

Los equipos de marketing son conocedores de este punto e intentan conectar los productos que comercializan con emociones, sentimientos o estados de ánimo (*mindstates*) positivos.

Si una marca nos genera emociones positivas, es muy probable que estemos dispuestos a pagar más dinero por ella en el momento de la compra.

Cuando experimentamos un mayor impacto, atractivo o implicación (*involvement*) hacia una categoría de productos, hay mayores probabilidades de que invirtamos más tiempo, atención, energía, dedicación y dinero en ella.

¿Qué estrategias pueden seguir los equipos de marketing para conseguir más implicación emocional respecto al producto o la marca por parte del *target group*?

- Personalización de productos y servicios → es el caso de la marca Starbucks cada vez que nos sirven el café en un vaso con nuestro nombre. Esta iniciativa despierta una emoción muy especial.

- DIY (*do it yourself*) (hazlo tú mismo) → como ocurre con el mobiliario que comercializa la marca IKEA para que el consumidor lo monte en su propia casa.

- Cocreación → en estas ocasiones, la compañía o empresa involucra a los consumidores en las posibles acciones de la marca.

- Gamificación → me refiero a cuando una marca emplea los principios lúdicos del *gaming* en contextos que están alejados de los videojuegos. Por ejemplo, una marca puede conseguir implicar a los consumidores a través de un juego donde hay que poner en práctica varios conocimientos sobre los valores, objetivos, acciones, variedades de producto/servicio de esa determinada marca.

Distintas perspectivas de las emociones

A finales del siglo pasado se realizó un cambio de paradigma muy importante en cuanto a la forma de entender la mente humana.

Durante muchos siglos, desde la Grecia clásica hasta nuestros días, ha destacado una primera línea de pensamiento que arranca con Platón (idealismo), influye en San Agustín (idealismo cristiano) y llega finalmente hasta Descartes (racionalismo). Estos tres grandes pensadores comparten hasta cierto punto una visión común, en la cual lo verdaderamente importante es el mundo de las ideas, el mundo de la razón.

Podemos considerarlo como un paradigma clásico que sitúa al cuerpo (las sensaciones, emociones y experiencias) en un segundo plano frente a la superioridad de la razón. Las emociones quedan por debajo de las razones. Es decir, que de uno u otro modo se piensa que aquello que nos llega por la vía corporal, por la vía de los sentidos, la mayoría de las veces de forma inconsciente, nos puede confundir en nuestra toma de decisiones. Puede nublar la claridad de la razón. Sobrevuela aquí la idea de que las emociones son malas consejeras en la toma de decisiones. Lo ideal es recurrir a la razón.

Desde esta perspectiva, la dimensión intelectual es la clave del razonamiento humano, porque es la que nos diferencia del resto de las especies animales. El mundo de las ideas de Platón o la *res cogitans* de Descartes son iconos muy potentes y representativos de esta línea de pensamiento.

Por ejemplo, si buscamos el término *hombre*, en el sentido de «ser humano», en el diccionario de la Real Academia Española (RAE), nos encontramos que la primera definición que aparece es la siguiente: «Ser animado racional, varón o mujer». Es decir, que se destaca principalmente la importancia de la razón. Como si la emoción no fuera una parte clave de la naturaleza humana.

Casi en paralelo con este paradigma clásico, la historia del pensamiento nos ha ofrecido una perspectiva alternativa. Este otro punto de vista arranca también en la Grecia clásica, esta vez con otro gran filósofo, Aristóteles (considerado como uno de los primeros naturalistas de la historia), continúa con Santo Tomás (la corriente escolástica al final de la Edad Media) y nos lleva hasta Spinoza (filósofo racionalista, pero que se opone a la separación mente-cuerpo) justo en el comienzo del pensamiento moderno. Esta trayectoria es más integradora, en contraposición con la visión dualista (mente y cuerpo; o alma y cuerpo) del paradigma clásico. Esta nueva visión sitúa a las emociones más cerca del lugar que se merecen.

El famoso naturalista británico Charles Darwin ya destacó la importancia de las emociones en su libro *La expresión de las emociones en el hombre y en los animales* (1872). Darwin se dio cuenta de que nuestras emociones básicas tienen su origen en los mamíferos. Y también destacó que las emociones son clave para la supervivencia.

Pues bien, a finales del siglo pasado, en 1994, Antonio Damasio escribió su primer libro, cuyo título es bastante gráfico en relación con esta lucha de paradigmas: *El error de Descartes (emoción, razón y cerebro humano)*. Posteriormente, a principios de este siglo (2003), escribió un nuevo libro que lleva por título: *En busca de Spinoza (neurobiología de la emoción y los sentimientos)*.

Damasio apuesta por el segundo paradigma. Ha dedicado gran parte de su energía investigadora a estudiar el rol de las emociones y los sentimientos en la mente humana. Y ha destacado el papel tan importante que desempeñan en la toma de decisiones. Y la situación óptima es que haya una sintonía entre ambas o, al menos, un diálogo que nos lleve hasta la decisión final.

Hemos pasado del paradigma clásico (pienso-actúo-siento) a un nuevo enfoque (siento-actúo-pienso).

Esta trayectoria histórica y este giro del pensamiento nos ayudan a entender la relevancia que están teniendo en estos momentos las sensaciones, las emociones y las experiencias en la relación con las marcas y las decisiones de compra.

Ya en la primera mitad del siglo xix, Freud, el creador del psicoanálisis, otorgó una gran importancia al inconsciente y al papel de las emociones en la vida mental de las personas. En aquel momento, no se disponía de la tecnología ni de los medios ni de los conocimientos que tenemos en la actualidad. Pero los avances de la neurociencia apuntan hacia un importante rol de las emociones en las decisiones que tomamos en nuestra vida.

David Eagleman nos dice en su libro *Incógnito: Las vidas secretas del cerebro* (2011) lo siguiente:

> Freud comenzó a sospechar que las variedades del comportamiento humano eran explicables solo en términos de procesos mentales invisibles, de la maquinaria que actuaba entre bastidores.

> Desde esta nueva perspectiva, la mente no era tan solo equivalente a la parte consciente con la que convivimos familiarmente; más bien era como un iceberg, la mayor parte de su masa quedaba oculta.

Las decisiones que dirigen nuestra vida son el resultado de dos formas de pensamiento complementarias: racional (lóbulo prefrontal, neocorteza) y emocional (sistema límbico, amígdala). Y nuestros comportamientos están determinados por el peso específico que adquiere cada uno de ellos en nuestra vida cotidiana.

Poco después de la publicación del libro de Damasio *El error de Descartes,* el famoso psicólogo, periodista y escritor norteamericano Daniel Goleman escribió un *bestseller* titulado *Inteligencia emocional*, en el cual también destaca la importancia de las emociones en las decisiones que tomamos a lo largo de nuestra vida. Este libro se ha convertido en otro icono de la importancia del mundo emocional dentro de nuestro día a día.

El modelo emocional de Ekman

«No podríamos vivir sin las emociones».

Paul Ekman

«La cuestión es cómo vivir mejor con ellas».

Paul Ekman

Paul Ekman es un reconocido psicólogo que ha dedicado gran parte de su vida al estudio de las emociones.

Las emociones son reacciones psicofisiológicas que representan modos de adaptación del individuo cuando este percibe un objeto, persona, lugar, evento o recuerdo que son significativos.

Según este autor, hay siete emociones básicas (ver Figura 4.1):

- La sorpresa, que es una reacción ante lo novedoso o inesperado.

- La alegría, que acompaña momentos placenteros y agradables que nos gustaría que se repitieran siempre que sea posible.

- La tristeza, opuesta a la alegría y que aparece en momentos displacenteros o desagradables. La tendencia natural apunta hacia la evitación de esta emoción. Pero la experiencia nos dice que la vida es una sucesión de altos y bajos, y que cada emoción, positiva o negativa, cumple una función.

- El miedo aparece para alertarnos sobre una amenaza.

- La ira se manifiesta cuando aparece una barrera física o psicológica que nos impide avanzar en la dirección deseada. Este hecho nos genera rabia y frustración.

- El asco surge cuando nos encontramos con algún producto que está en mal estado (apariencia desagradable, malos olores, sabor extraño…). Por ejemplo, es una emoción que nos previene ante posibles infecciones o intoxicaciones.

- Y el desprecio es una emoción que surge cuando se muestra una reacción fría u hostil ante alguien o algo a los que no se les atribuye valor.

Figura 4.1. Las siete emociones básicas de Paul Ekman

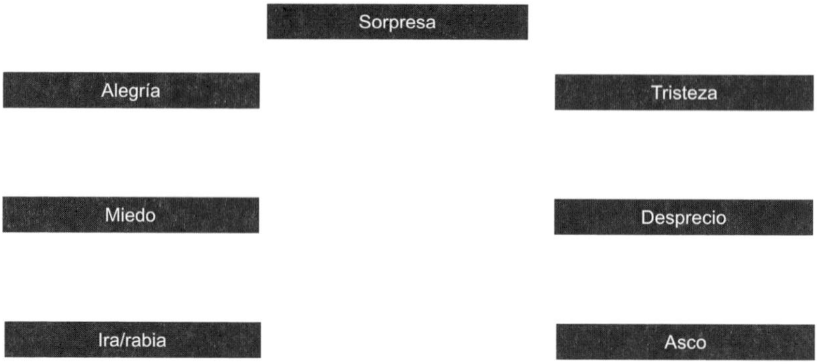

Fuente: Elaboración propia, basado en Ekman, P. (1982).

La utilización de las emociones básicas en las campañas publicitarias influye en las decisiones de compra de los consumidores. Incluso aunque se trate de emociones negativas; siempre y cuando haya una buena resolución de la tensión emocional al final de la comunicación.

Vamos a ver un ejemplo de análisis emocional con el *spot* de la Lotería Nacional del año 2014 (Lotería y Apuestas del Estado).

Puedes acceder al vídeo a través del siguiente enlace o escaneando el QR:
https://youtu.be/ei-_M_3aTyI?si=pJ8gBjtsXF85QGEs

En esta historia podemos realizar el siguiente análisis emocional:

- Se ve a Manuel, que representa al público comprador de lotería de Navidad, con su pareja. Ella le anima a bajar al bar donde acude siempre; pero Manuel no compró la lotería de este local. Y ahora resulta que el décimo que vendía el bar ha sido premiado. Se activan en el espectador la sorpresa, la tristeza y el miedo.

- Manuel camina hacia el bar, muy triste (deprimido) y probablemente con rabia por no haber comprado el décimo de lotería premiado con el gordo de Navidad.

- Manuel se abre paso entre la gente que celebra el premio navideño. Sigue estando muy triste y experimenta miedo y rabia.

- Antonio, el dueño del bar, le entrega el décimo que le ha reservado por ser un cliente fiel y, además, un amigo. Con la aparición del producto (décimo ganador), todo el escenario emocional cambia y Manuel ahora se emociona al máximo (llora de alegría). La amistad y el reconocimiento de Antonio hace que Manuel esté sorprendido y lleno de felicidad.

Por lo tanto, la campaña nos muestra una verdadera montaña rusa de emociones, negativas y positivas, que terminan con un final feliz. Además, el décimo ganador es el verdadero protagonista de la historia. Se trata de una fórmula emocional muy exitosa que generó un aumento de las ventas de lotería respecto al año anterior.

Por lo tanto, me gustaría destacar dos aprendizajes:

- Una buena utilización de las emociones básicas aumenta la eficacia publicitaria de una comunicación.

- Incluso se pueden utilizar emociones negativas, siempre y cuando haya una resolución positiva de la tensión psicológica experimentada a lo largo de la campaña.

Las marcas con mayor inteligencia emocional crecen más

Carat es una consultora internacional que ofrece soluciones de comunicación integradas, innovadoras y basadas en datos. Desde hace ya varios años viene realizando una investigación sobre las marcas con mayor índice de inteligencia emocional (Carat, 2022). Veamos los aspectos más relevantes de este estudio:

- Metodología:
  - Investigación cuantitativa.
  - Técnica → encuesta *online*.
  - Tamaño de la muestra → 15.000 consumidores.
  - Extensión del estudio → 15 países (incluido España).
- Objetivos de la investigación:
  - Establecer un *ranking* de las 51 marcas con mayor índice emocional (Brand EQ, 2022).
  - Establecer una percepción comparativa entre el Brand EQ y los principales índices financieros mundiales (S&P 500, Dow Jones, FTSE 100 y DAX) (ver imagen siguiente: las marcas con mayor inteligencia emocional crecen más).
- Variables → la inteligencia emocional se ha medido a partir de cinco criterios de las marcas:
  - Autoconocimiento.
  - Autorregulación.
  - Motivación.
  - Empatía.
  - Y habilidades sociales.
- Principales conclusiones:
  - Las marcas con mayor inteligencia emocional han crecido más del 910%. Esta es una evidencia clara del poder de las emociones en las decisiones de compra de los consumidores.

Figura 4.2. Cociente emocional de las marcas

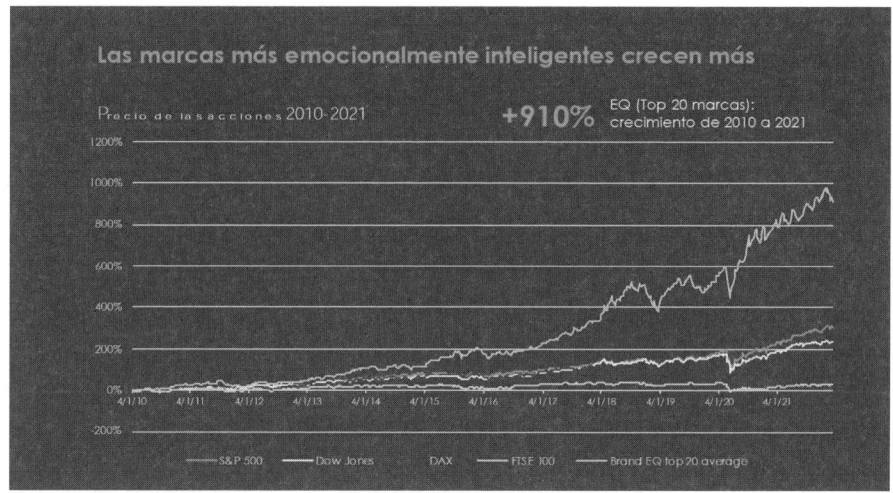

Fuente: Basado en Carat (2022).

- Google fue la marca con mayor inteligencia emocional en la última edición de esta investigación (2022).
- Se ha conseguido elaborar un *ranking* de las 51 principales marcas globales según su nivel de inteligencia emocional.

Fuentes de información sobre las emociones

Para identificar bien las emociones de los consumidores, las mejores metodologías son la cualitativa (discurso libre y técnicas proyectivas) y la neurociencia (*facial coding, skin conductance* y electroencefalograma). El enfoque neurocualitativo, al combinar ambas metodologías, es muy potente para el análisis emocional

La visión de la neurociencia: el sistema emocional

Las emociones surgieron evolutivamente con los mamíferos. Y se desarrollaron en un contexto de interrelación con el aprendizaje y la memoria. Los principales protagonistas dentro del cerebro son los siguientes:

- El sistema límbico y, principalmente, la amígdala en el caso de las emociones. Cuando experimentamos distintos estados emocionales en nuestra vida, estas áreas están particularmente activas.

- El hipocampo para los temas relacionados con la memoria a largo plazo y la memoria espacial (sentido de la orientación).

- Y un conjunto de zonas en el caso del aprendizaje, porque hay varios tipos y con diferentes niveles de complejidad (aprendizaje por asociación, condicionamiento clásico, condicionamiento operante, por imitación...).

La colaboración entre estas tres funciones mentales (emociones, aprendizaje y memoria) permite al cerebro tomar nota de las experiencias del pasado. Hasta ese momento las especies anteriores vivían siempre en tiempo presente. Damasio destaca en *El error de Descartes*:

> El sistema límbico participa también en la promulgación de impulsos e instintos y tiene un papel especialmente importante en las emociones y sentimientos. Sin embargo, sospecho que, a diferencia del bulbo raquídeo y del hipotálamo, cuya circuitería es en su mayor parte innata y estable, el sistema límbico contiene a la vez circuitería innata y circuitería modificable por la experiencia del organismo siempre en evolución.

Además del sistema límbico (y la amígdala) hay otras áreas cerebrales trabajando para las emociones. Nuestro cerebro está compuesto por dos hemisferios complementarios en sus funciones. Hay ligeras diferencias en las actividades de cada uno de ellos. En líneas generales, el hemisferio derecho está más relacionado con la dimensión emocional y con las señales procedentes del cuerpo.

Construyendo el edificio psicológico del *target*: las emociones

Retomemos el ejercicio que iniciamos en el capítulo anterior sobre el *buyer persona*. Allí completamos:

- Los datos personales.

- Los datos sociodemográficos.

- Los retos.

- El estilo de vida.

- Las motivaciones.

- Y los frenos.

Ahora nos toca incorporar lo aprendido sobre las emociones al caso de la cerveza artesanal. ¿Qué emociones de las siete identificadas por Ekman se podrían activar en este *buyer persona*?:

- Sorpresa (cuando el consumidor prueba una cerveza nueva).

- Alegría (al tomar la cerveza que más le gusta, su variedad o marca favorita).

- Rabia o tristeza (si no tienen disponible la cerveza que le apetece tomar).

- Miedo (a probar sabores o variedades desconocidas).

- Asco o desprecio (si el producto está en mal estado).

En el gráfico siguiente vemos cómo se va completando toda la información relevante sobre el *buyer persona* y la cerveza artesanal.

Figura 4.3. *Buyer persona*

Buyer persona: análisis psicológico del target de 25-35 años y su relación con la cerveza artesanal		
1. Datos personales • Hombre • Iván • **30 años** • Vive en pareja (Silvia) • Tiene un perro (Robin) • Estudió informática • Trabaja en ciberseguridad (banca)	**4. Estilo de vida** • Moderno y dinámico • Salir a cenar (también tardeo, aperitivo) • Ir a terrazas, restaurantes, pub y locales de moda • Montaña (escalada), esquiar y bicicleta • Viajar • Videojuegos	**7. Emociones** • Sorpresa (cuando prueba una cerveza nueva) • Alegría (tomar la cerveza que te gusta) • Rabia/tristeza (si no tienen la cerveza que querías tomar) • Miedo (a variedades desconocidas) • Asco/desprecio (producto en mal estado)
2. Datos sociodemográficos • Vive en Madrid • En un piso de tamaño medio (alquiler) • Ingresos anuales (Iván): 30.000 € • Trabajan los dos miembros de la pareja • Clase social media-alta • Nivel cultural: universidad	**5. Motivaciones (cerveza artesanal)** • Sabor más intenso (poder degustarla) • Calidad • Naturalidad • Variedad (probar nuevas recetas cerveceras) • Imagen de consumidor maduro • Momentos (pareja, amigos, una pausa)	**8. Actitudes** • Capítulo 5
3. Retos • Conseguir un ascenso o promoción profesional • Comprar un piso (y que sea más grande) • Cambiar de automóvil	**6. Barreras (cerveza artesanal)** • Hay que estar pendiente del consumo (control) • Alcohol y conducción • Calorías y dieta	**9. Personalidad** • Capítulo 6

Fuente: Elaboración propia.

5

Las actitudes

«Es importante que los investigadores del consumidor comprendan la naturaleza y el poder de las actitudes».

Michael R. Solomon

Las actitudes influyen en nuestras decisiones

Cuando estamos en reuniones con los equipos de marketing, comunicación o innovación de una compañía, es frecuente que emerja el tema de las actitudes y su influencia en las decisiones de compra del consumidor.

Y suelen aparecer desde una doble perspectiva:

• Reforzar las actitudes positivas hacia nuestra marca.

• O cambiar las actitudes negativas hacia nuestra marca.

Los consultores e investigadores solemos insistir en que no es fácil ni inmediato cambiar una actitud; suele llevar tiempo: un mínimo de dos o tres años utilizando una estrategia eficaz.

Las actitudes son una especie de gafas que nos permiten interpretar, relacionarnos y responder de una manera determinada al entorno que nos rodea. Las actitudes desempeñan un rol activo en la toma de decisiones del consumidor.

Podemos decir que las actitudes están por encima de los comportamientos, las motivaciones, las emociones y de las cogniciones. Son más complejas y más abstractas. Y, además, están bastante arraigadas en las personas.

Las actitudes están muy relacionadas con las creencias y los valores de los consumidores:

- Una actitud es una manera de pensar o sentir en relación con alguien o con algo.

- Una creencia es una idea que es aceptada como verdadera sin necesidad de ninguna demostración.

- Y los valores son un conjunto de principios a los que la persona otorga una gran importancia.

Pues bien, estas actitudes, creencias y valores influyen en las decisiones que tomamos a diario. Y es que una actitud:

- Es un estado mental en el sentido de un comportamiento estable y representa una opinión o sentimiento hacia alguien o algo.

- Es una tendencia psicológica, modelo o marco de análisis para evaluar el contexto en el que nos encontramos en una situación concreta.

- Expresa un juicio (bueno o malo, favorable o desfavorable).

- Es una especie de modelo (o estrategia) para relacionarse y valorar la realidad externa.

- Es un constructo psicológico, de naturaleza cognitiva o emocional, que es inherente o caracteriza a la persona.

- Implica una forma de pensar (nivel cognitivo), de sentir (nivel afectivo) y de comportarse (nivel conductual).

- Se adquiere a través de la experiencia (las actitudes no son innatas).

- Son posiciones mentales hacia el entorno (el planeta, la ideología, la religión, la educación, el mercado, una categoría tecnológica, un sector como el de la alimentación, etc.).

- Es, en definitiva, un estado psicológico del individuo que influye en la respuesta hacia una persona, lugar, cosa, productos, servicio, marca…

El modelo de los tres componentes

Hay múltiples modelos que intentan explicar el fenómeno psicológico de las actitudes. Nos vamos a fijar en los dos más importantes:

- El modelo de los tres componentes.

- El modelo multiatributo.

Vamos a centrarnos ahora en el primero, en el modelo de los tres componentes (ver Figura 5.1).

Figura 5.1. Modelo de los tres componentes

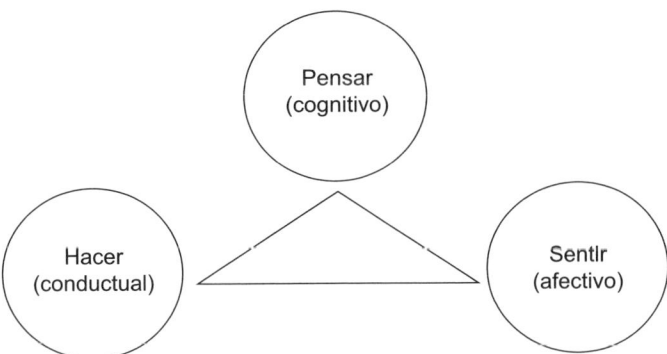

Fuente: Elaboración propia.

Una actitud está formada por tres pilares (por esta razón es más compleja que las motivaciones o las emociones), que son:

- Pensar → módulo racional, módulo de los pensamientos.

- Sentir → módulo emocional, módulo afectivo.

- Hacer → módulo de las conductas, módulo de los comportamientos. A veces se habla de módulo conativo cuando se refiere a la intención de compra más que a la compra final.

Veamos algunos ejemplos para entender mejor este modelo de las actitudes:

- Hay consumidores que sienten pasión por la tecnología; son tecnófilos (*techies*). ¿Cómo es la actitud de estos consumidores según el modelo de los tres componentes?

  - Pensar → siempre están pensando en el próximo lanzamiento de un nuevo dispositivo tecnológico.

  - Sentir → al pensar en tecnología, se activan las emociones de sorpresa (innovación) y alegría (poder disponer del nuevo modelo).

  - Hacer → procuran ahorrar dinero para invertirlo en la compra de tecnología.

- En el plano opuesto, se encuentra el consumidor que tiene tecnofobia y asocia la tecnología con experiencias negativas:

  - Pensar → intenta en la medida de lo posible no centrar su atención en la tecnología.

  - Sentir → porque le produce miedo, rabia, frustración y tristeza.

  - Hacer → se aleja lo más posible de la tecnología. Realiza una utilización básica y mínima, solamente para lo que es absolutamente imprescindible.

Si nos movemos ahora hacia el terreno de la alimentación, también podemos encontrar actitudes bien distintas:

- Actitud saludable (*healthy food*):

  - Pensar → se piensa en una dieta sana, equilibrada; en el control de las calorías; en los peligros de la alimentación que no es natural.

  - Sentir → se experimenta alegría, bienestar, sentimiento de logro, de haberlo hecho, de haberlo conseguido.

- Hacer → se miran los ingredientes de la comida, se compran y se consumen productos saludables.

• Actitud hedonista (*junk food*):

- Pensar → múltiples pensamientos sobre dulces, hamburguesas, pizzas, etc., «llaman a la puerta».

- Sentir → la comida sana genera rabia, aburrimiento y tristeza.

- Hacer → se hacen compras y consumos impulsivos para apagar el deseo.

Este mismo análisis se puede realizar para múltiples actitudes que mostramos a lo largo de nuestro día a día. Por ejemplo, la actitud hacia el cuidado del medio ambiente (la sostenibilidad).

El modelo multiatributo

Vayamos ahora con el segundo modelo de las actitudes. Imaginemos que un estudiante va a realizar el acceso a la universidad el año que viene. Está dudando entre tres alternativas posibles. Tiene dudas sobre cuál será su mejor opción. Vamos a aplicar el modelo de actitudes multiatributo, en concreto el enfoque de Fishbein.

En primer lugar, identificamos las tres universidades a las que denominaremos A, B y C, teniendo en cuenta que quiere estudiar en el extranjero, fuera de España (ver Tabla 5.1).

Tabla 5.1. Modelo multiatributo

Atributo	Grado de importancia del atributo	Universidad A	Universidad B	Universidad C

Fuente: Elaboración propia.

Posteriormente, tenemos que identificar los atributos que son importantes para el aspirante. Supongamos que son los siguientes:

- La reputación, es decir, la imagen; el reconocimiento de la universidad; el nivel de preparación que podría alcanzar.
- El precio de la universidad y el nivel de vida del país.
- La localización, el lugar, la ciudad concreta.
- El programa del grado (los contenidos y actividades).
- Las oportunidades de conseguir un trabajo (el *networking* internacional) (Ver Tabla 5.2).

Tabla 5.2. Modelo multiatributo

Atributo	Grado de importancia del atributo	Universidad A	Universidad B	Universidad C
Reputación, imagen, reconocimiento…				
Precio universidad y nivel de vida del país				
Lugar, ciudad, localización				
Programa del grado (plan, contenidos)				
Salidas profesionales, *networking*				

Fuente: Elaboración propia.

Posteriormente, a cada uno de los atributos se le otorga un peso específico de 0 a 10 en función del grado de importancia que le atribuye el candidato a cada uno de ellos (ver Tabla 5.3).

Por último, el aspirante puntúa de 1 a 10 cada universidad en cada uno de los cinco atributos en función de su percepción y valoración particular. Por ejemplo, en el caso de la universidad A, tenemos las siguientes puntuaciones (ver Tabla 5.4).

Tabla 5.3. Modelo multiatributo

Atributo	Grado de importancia del atributo	Universidad A	Universidad B	Universidad C
Reputación, imagen, reconocimiento…	8			
Precio universidad y nivel de vida del país	8			
Lugar, ciudad, localización	6			
Programa del grado (plan, contenidos)	9			
Salidas profesionales, *networking*	7			

Fuente: Elaboración propia.

Tabla 5.4. Modelo multiatributo

Atributo	Grado de importancia del atributo	Universidad A	Universidad B	Universidad C
Reputación, imagen, reconocimiento…	8	$8 \times 7 = 56$		
Precio universidad y nivel de vida del país	8	$8 \times 9 = 72$		
Lugar, ciudad, localización	6	$6 \times 8 = 48$		
Programa del grado (plan, contenidos)	9	$9 \times 6 = 54$		
Salidas profesionales, *networking*	7	$7 \times 6 = 42$		
		272		

Fuente: Elaboración propia.

El futuro universitario hace entonces la misma operación con las universidades B y C. Y descubre que la universidad C es la que más se adapta a su actitud y los correspondientes atributos (ver Tabla 5.5).

Por lo tanto, después de aplicar el modelo multiatributo de las actitudes a este caso, nos encontramos que la universidad C es la que mejor se ajusta al perfil de nuestro candidato desde la perspectiva de sus percepciones, valoraciones y actitudes.

Tabla 5.5. Modelo multiatributo

Atributo	Grado de importancia del atributo	Universidad A	Universidad B	Universidad C
Reputación, imagen, reconocimiento…	8	8 × 7 = 56	8 × 7 = 56	8 × 8 = 64
Precio universidad y nivel de vida del país	8	8 × 9 = 72	8 × 7 = 56	8 × 9 = 72
Lugar, ciudad, localización	6	6 × 8 = 48	6 × 5 = 30	6 × 8 = 48
Programa del grado (plan, contenidos)	9	9 × 6 = 54	9 × 5 = 45	9 × 7 = 63
Salidas profesionales, networking	7	7 × 6 = 42	7 × 6 = 42	7 × 9 = 63
		272	229	310

Fuente: Elaboración propia.

Se trata de un modelo bastante interesante porque permite incluir los atributos relevantes para el sujeto, el peso específico de estos y la puntuación que adquiere cada alternativa en todos y cada uno de los atributos.

Se puede realizar este ejercicio con un número representativo de candidatos y comprobar cuáles son las fortalezas y debilidades de cada una de las universidades y cuál sería la estrategia de marketing más eficaz según su percepción, valoración y posicionamiento.

El fenómeno de la difusión de la responsabilidad

Michael R. Solomon (2020), en su libro *Consumer Behavior: Buying, Having and Being,* comparte una investigación realizada en los hoteles JW Marriott. En las habitaciones de la cadena de hoteles se rotaron los siguientes cuatro mensajes (ver Figura 5.2).

¿Cuál crees que fue el mensaje capaz de generar mayor compromiso en los clientes del hotel con el objetivo de conseguir un cambio de actitud?

Pues bien, el *ranking* de eficacia de los mensajes fue el siguiente:

Figura 5.2. El fenómeno de la difusión de la responsabilidad

Alternativa 1	Alternativa 2
• Estimado cliente, cada día se gastan millones de litros de agua en el mundo para lavar las toallas que han sido usadas solamente una vez • **La mayoría de nuestros clientes vuelven a utilizar las toallas usadas** • Gracias por su compromiso	• Estimado cliente, cada día se gastan millones de litros de agua en el mundo para lavar las toallas que han sido usadas solamente una vez • **La mayoría de los clientes que han estado alojados en esta habitación vuelven a utilizar las toallas usadas** • Gracias por su compromiso

Alternativa 3	Alternativa 4
• Estimado cliente, cada día se gastan millones de litros de agua en el mundo para lavar las toallas que han sido usadas solamente una vez • **La mayoría de los hombres y las mujeres vuelven a utilizar las toallas usadas** • Gracias por su compromiso	• Estimado cliente, cada día se gastan millones de litros de agua en el mundo para lavar las toallas que han sido usadas solamente una vez • **¡Ayúdenos a salvar el planeta!** • Gracias por su compromiso

Fuente: Basado en Solomon, M. (2020).

El ranking de eficacia de los 4 mensajes fue el siguiente:

1) Alternativa 2 → «La mayoría de los clientes que han estado alojados en esta habitación vuelven a utilizar las toallas usadas». Este es el mensaje que mayor resonancia obtuvo en las actitudes de los clientes del hotel.

2) Alternativa 1 → «La mayoría de nuestros clientes vuelven a utilizar las toallas usadas».

3) Alternativa 3 → «La mayoría de los hombres y las mujeres vuelven a utilizar las toallas usadas».

4) Alternativa 4 → «¡Ayúdenos a salvar el planeta!».

A menor distancia psicológica (los clientes de esta habitación) menor difusión de la responsabilidad, mayor compromiso personal y mayor cambio de actitudes.

El nivel de compromiso de las personas (clientes, consumidores…) tiene que ver con el fenómeno psicológico de la difusión de la responsabilidad. A mayor distancia psicológica en relación con el contenido del mensaje (salvar el planeta), mayor difusión de la responsabilidad, menos compromiso y menor cambio de actitudes.

Las principales actitudes de los consumidores

Las personas, en su actividad diaria, muestran diferentes actitudes. Las principales son las siguientes:

- Actitud colaborativa versus actitud individualista.
- Actitud abierta versus actitud cerrada.
- Actitud positiva versus actitud negativa.
- Actitud optimista versus actitud pesimista.
- Actitud proactiva versus actitud reactiva.
- Actitud moderna (innovadora) versus actitud tradicional (conservadora).

Las fuentes de información

Los estudios que se realizan más frecuentemente sobre las actitudes de los consumidores son las investigaciones comúnmente denominadas U&A (*uses & attitudes*, usos y actitudes). En este formato se estudia en profundidad la categoría, el sector, con el fin de entender bien los cambios, las tendencias y los aspectos más relevantes que han ocurrido o están ocurriendo en el proceso de decisión de compra.

Se estudian los hábitos de consumo y la imagen de las principales marcas del sector para poder así dibujar el mapa de posicionamiento de la categoría.

La fase más importante es la que tiene que ver con la segmentación de los consumidores en relación con sus actitudes hacia la categoría. Se trata de una segmentación de tipo psicográfica y se aprovecha para analizar las motivaciones, los frenos, los rasgos de personalidad y el estilo de vida de los consumidores.

En la actualidad, este enfoque psicográfico está más solicitado que la perspectiva sociográfica, basada en la clase social, el nivel socioeconómico, el nivel sociocultural, etc.

En las investigaciones U&A es bastante frecuente realizar una primera etapa de carácter cualitativo. Aquí se identifican las principales variables e *insights* de la categoría.

Posteriormente, se lleva a cabo la investigación cuantitativa con una muestra amplia (600, 800, 1000... participantes).

En algunas ocasiones, cuando la compañía/marca dispone de una segmentación cuantitativa reciente, se hace una intervención cualitativa focalizada en un segmento (*deep dive*). Se trata de analizar en profundidad algún *target* de interés, donde se piensa que puede haber una buena oportunidad de crecimiento.

Otra fuente de información sobre las actitudes es el TAI (test de asociaciones implícitas), que mide las actitudes, los prejuicios y los sesgos de percepción y valoración de un consumidor hacia una marca.

Funciona a través de una mecánica de tiempos de reacción, que tiene como objetivo no dejar al participante mucho tiempo para reflexionar sobre la respuesta de manera racional. Se tiene en cuenta la velocidad de la respuesta (milisegundos) como indicador del grado de asociación entre un estímulo y su correspondiente respuesta. Las claves están en la espontaneidad y rapidez del consumidor.

Las actitudes y la neurociencia

Con las actitudes estamos llegando a la parte más elevada del edificio psicológico del consumidor. Si las motivaciones y los frenos estaban directamente relacionados con el sistema de recompensa y si las emociones estaban estrechamente conectadas con el sistema límbico y la amígdala, en el caso de las actitudes nos encontramos una colaboración entre dos sistemas principales:

- El sistema emocional, que hemos explicado en el capítulo anterior.
- Y el sistema racional, compuesto principalmente por el lóbulo frontal.

De la interrelación entre estos dos sistemas surgirá la toma de decisiones y, en consecuencia, el consumidor llevará a cabo el comportamiento correspondiente (ver Figura 5.3).

Figura 5.3. Los tres componentes de las actitudes

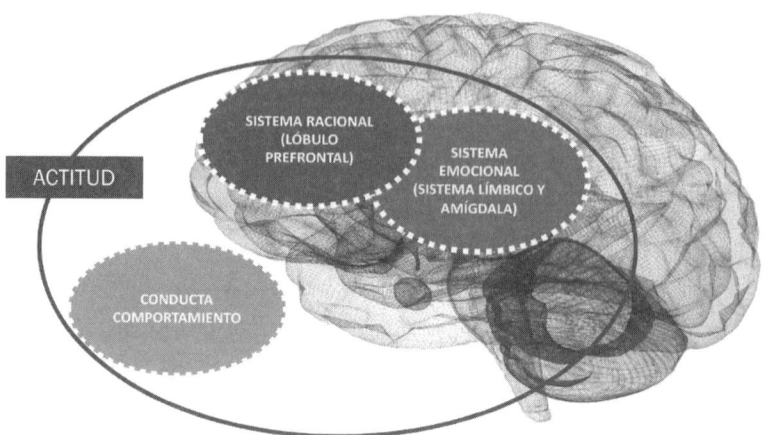

Fuente: Elaboración propia.

Construyendo el edificio psicológico del *target*: las actitudes

Completamos a continuación la parte correspondiente a las posibles actitudes del consumidor hacia la cerveza artesanal (ver Figura 5.4).

Figura 5.4. *Buyer persona*

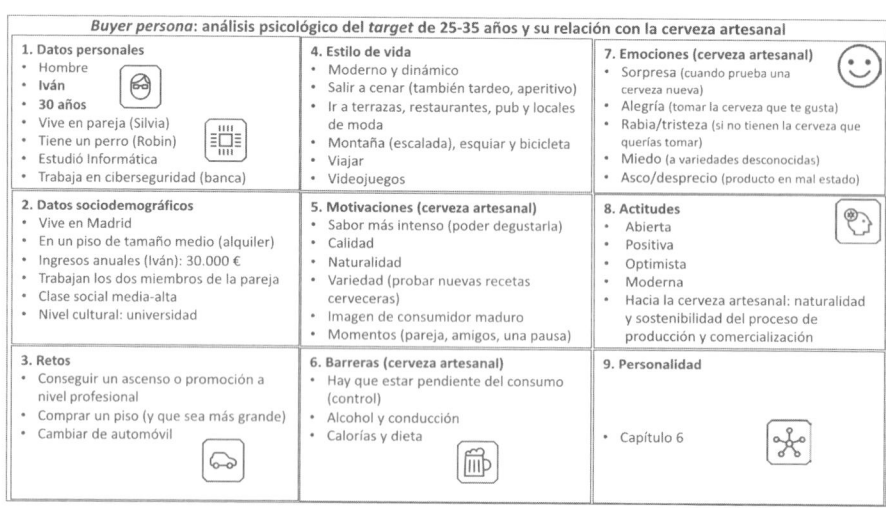

Buyer persona: análisis psicológico del *target* de 25-35 años y su relación con la cerveza artesanal		
1. Datos personales • Hombre • Iván • 30 años • Vive en pareja (Silvia) • Tiene un perro (Robin) • Estudió Informática • Trabaja en ciberseguridad (banca)	**4. Estilo de vida** • Moderno y dinámico • Salir a cenar (también tardeo, aperitivo) • Ir a terrazas, restaurantes, pub y locales de moda • Montaña (escalada), esquiar y bicicleta • Viajar • Videojuegos	**7. Emociones (cerveza artesanal)** • Sorpresa (cuando prueba una cerveza nueva) • Alegría (tomar la cerveza que te gusta) • Rabia/tristeza (si no tienen la cerveza que querías tomar) • Miedo (a variedades desconocidas) • Asco/desprecio (producto en mal estado)
2. Datos sociodemográficos • Vive en Madrid • En un piso de tamaño medio (alquiler) • Ingresos anuales (Iván): 30.000 € • Trabajan los dos miembros de la pareja • Clase social media-alta • Nivel cultural: universidad	**5. Motivaciones (cerveza artesanal)** • Sabor más intenso (poder degustarla) • Calidad • Naturalidad • Variedad (probar nuevas recetas cerveceras) • Imagen de consumidor maduro • Momentos (pareja, amigos, una pausa)	**8. Actitudes** • Abierta • Positiva • Optimista • Moderna • Hacia la cerveza artesanal: naturalidad y sostenibilidad del proceso de producción y comercialización
3. Retos • Conseguir un ascenso o promoción a nivel profesional • Comprar un piso (y que sea más grande) • Cambiar de automóvil	**6. Barreras (cerveza artesanal)** • Hay que estar pendiente del consumo (control) • Alcohol y conducción • Calorías y dieta	**9. Personalidad** • Capítulo 6

Fuente: Elaboración propia.

6

La personalidad

La personalidad influye en nuestras decisiones

Seguimos ascendiendo en el edificio psicológico del consumidor y llegamos al último piso: la personalidad. Como estamos viendo a lo largo de todo este libro, el comportamiento de una persona es el resultado de la interacción de varios elementos, entre ellos:

- La personalidad del sujeto.
- La personalidad de los otros.
- Y las características de la situación.

Hay dos conceptos psicológicos que ocupan lugares bien próximos:

- La personalidad es la combinación de las características, cualidades o atributos que tiene una persona. La personalidad tiene que ver con la pregunta «¿cómo eres tú?» o «¿cómo soy yo?».

- Identidad se refiere al hecho de ser la persona que eres. La identidad responde a la pregunta «¿quién eres tú?» o «¿quién soy yo?». Digamos que es la esencia de la persona. Es más difícil responder a la pregunta sobre la identidad que a la que tiene que ver con la personalidad.

La identidad está compuesta por múltiples elementos, tales como nuestro nombre, cara, cuerpo, voz, forma de movernos, etc.

Cuanto más personalizadas son las acciones de marketing que realiza una marca, más se dirige a la identidad del consumidor. Por ejemplo, cuando Coca-Cola lanzó al mercado las latas con los nombres de los compradores.

La personalidad y la identidad son los conceptos más abstractos y elevados del edificio psicológico del consumidor. La personalidad puede ser explicada por patrones de comportamiento o rasgos personales. La personalidad influye en las decisiones que tomamos y en la forma en que lo hacemos.

Hay múltiples teorías sobre la personalidad (psicoanálisis, humanismo, cognitivismo…), pero la teoría de los rasgos o teoría factorial es la que puede ser considerada como más científica.

La personalidad es:

- Un todo integrado.

- Una manera de satisfacer nuestras necesidades personales.

- Un conjunto de características con una intensidad determinada que, junto con la identidad, nos hace únicos e irrepetibles.

- Coherente → no es fácil que cambie; se puede modificar lentamente y con cierta dificultad.

La teoría de los rasgos y de los factores

La personalidad está compuesta por rasgos. Estos rasgos son como los átomos de la personalidad. Estos atributos influyen en el comportamiento del consumidor.

Estamos ante el enfoque más científico de la personalidad. Ha utilizado métodos de investigación cuantitativos (análisis estadísticos, análisis factorial). Ha intentado combinar todos los rasgos de personalidad posibles para identificar los principales factores que determinan la conducta. Su objetivo principal es explicar y predecir el comportamiento de un individuo.

Se puede establecer una analogía entre el análisis factorial y preparar un *cocktail*. En el *cocktail* se mezclan los ingredientes y la cantidad correspondiente de cada uno y, tras agitarlo, tenemos el resultado final. Cada ingrediente y su peso específico se convierten en una especie de lucha de fuerzas que nos lleva a un resultado final. Los ingredientes y la proporción de cada uno determinan el tipo de *cocktail* concreto.

En el análisis factorial ocurre algo parecido. Se mezclan los diferentes atributos, se les otorga un peso específico y la herramienta estadística identifica los principales factores que están influyendo; en nuestro caso serán las dimensiones clave de la personalidad.

Una de las teorías factoriales de la personalidad más potentes es la conocida como *big five*. Se trata de cinco grandes dimensiones que explican la personalidad de los diferentes individuos (ver gráfico siguiente):

- Nivel de apertura a nuevas experiencias (que va desde más abierto a más cerrado).

Figura 6.1. Teoría de los cinco rasgos básicos de la personalidad

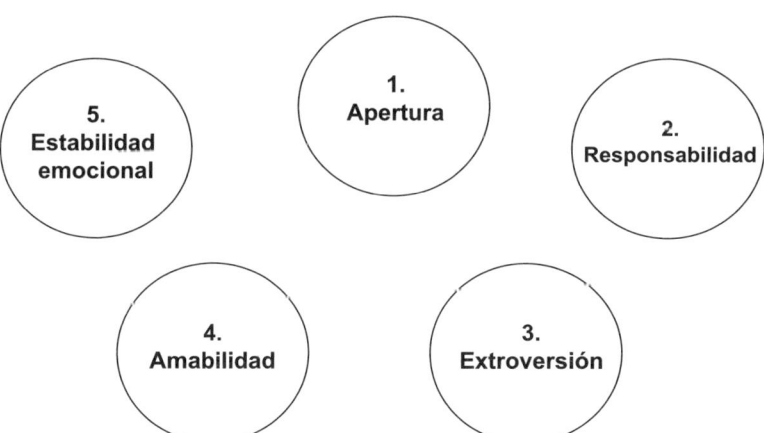

Fuente: Elaboración propia.

- Grado de responsabilidad (más o menos compromiso por parte de la persona).

- Nivel de extroversión (que va desde más extrovertido a más introvertido).

- Grado de amabilidad (ser más o menos agradable en la relación).

- Y nivel de estabilidad emocional (mayor o menor desequilibrio afectivo o neuroticismo).

La teoría de los cinco rasgos básicos de la personalidad fue elaborada por DW Fiske en el año 1949. Más tarde, ha sido revisada por varios autores, entre los que se encuentran:

- Norman (1967).
- Smith (1967).
- Goldberg (1981).
- McCrae y Costa (1987).

Fuentes de información

La mejor forma de obtener información relevante sobre la personalidad de un consumidor es utilizar el test de los cinco componentes de la personalidad (*Big Five*).

Para estudiar la personalidad de una marca o del *target* al que se dirige, la metodología más recomendable es la investigación cualitativa. El método cuantitativo también puede aportar información relevante en estos casos.

La personalidad y la neurociencia

Dada su complejidad, es muy probable que la personalidad esté relacionada con múltiples zonas y circuitos de nuestro sistema nervioso.

Estudios de neurociencia han demostrado que la corteza orbitofrontal (situada en el lóbulo frontal) tiene un efecto importante en la forma en que nos comportamos. Pacientes que han sufrido daños importantes en esa área del cerebro tuvieron cambios significativos en su personalidad y en su comportamiento (Antonio Damasio).

La corteza orbitofrontal tiene una función de freno en relación con los impulsos del individuo e introduce el componente moral, social y cultural en el comportamiento de las personas.

Pero esto no implica que todo lo referente a nuestra personalidad está concentrado en un núcleo o área cerebral. Queda mucho por avanzar en las bases neurocientíficas de la personalidad.

Construyendo el edificio psicológico del *target*: la personalidad

Ha llegado el momento de finalizar nuestro *buyer persona*. Incluimos las dimensiones de la personalidad que pueden estar relacionadas con el consumo de cerveza artesanal (ver imagen siguiente).

Figura 6.2. *Buyer persona*

Buyer persona: análisis psicológico del *target* de 25-35 años y su relación con la cerveza artesanal		
1. Datos personales • Hombre • **Iván** • **30 años** • Vive en pareja (Silvia) • Tiene un perro (Robin) • Estudió Informática • Trabaja en ciberseguridad (banca)	**4. Estilo de vida** • Moderno y dinámico • Salir a cenar (también tardeo, aperitivo) • Ir a terrazas, restaurantes, pub y locales de moda • Montaña (escalada), esquiar y bicicleta • Viajar • Videojuegos	**7. Emociones (cerveza artesanal)** • Sorpresa (cuando prueba una cerveza nueva) • Alegría (tomar la cerveza que te gusta) • Rabia/tristeza (si no tienen la cerveza que querías tomar) • Miedo (a variedades desconocidas) • Asco/desprecio (producto en mal estado)
2. Datos sociodemográficos • Vive en Madrid • En un piso de tamaño medio (alquiler) • Ingresos anuales (Iván): 30.000 € • Trabajan los dos miembros de la pareja • Clase social media-alta • Nivel cultural: universidad	**5. Motivaciones (cerveza artesanal)** • Sabor más intenso (poder degustarla) • Calidad • Naturalidad • Variedad (probar nuevas recetas cerveceras) • Imagen de consumidor maduro • Momentos (pareja, amigos, una pausa)	**8. Actitudes (cerveza artesanal)** • Abierta • Positiva • Optimista • Moderna • Hacia la cerveza artesanal: naturalidad y sostenibilidad del proceso de producción y comercialización
3. Retos • Conseguir un ascenso o promoción a nivel profesional • Comprar un piso (y que sea más grande) • Cambiar de automóvil	**6. Barreras (cerveza artesanal)** • Hay que estar pendiente del consumo (control) • Alcohol y conducción • Calorías y dieta	**9. Personalidad (cerveza artesanal)** • Apertura a nuevas experiencias (personalidad exploradora) (curiosidad) • Extrovertida

Fuente: Elaboración propia.

En este análisis psicológico del *target group* o *buyer persona*, a veces también se añaden datos sobre:

• Los canales o medios de comunicación (*touchpoints*) más utilizados.

• Las redes sociales más frecuentadas.

- Y las marcas favoritas (*lovebrands*).

Los mecanismos psicológicos del consumidor

Hay muchos mecanismos psicológicos que utiliza la mente del consumidor. Aquí vamos a centrarnos en los tres más importantes:

- Proyección.
- Identificación.
- Y racionalización.

La proyección consiste en que un consumidor atribuye un impulso, atributo o comportamiento propio, generalmente considerado como negativo, a otro consumidor (ver imagen siguiente).

Figura 6.3. Proyección

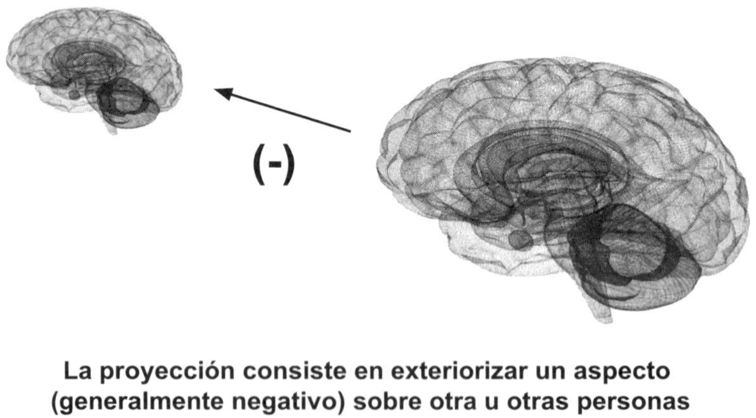

**La proyección consiste en exteriorizar un aspecto
(generalmente negativo) sobre otra u otras personas**

Fuente: Elaboración propia.

En líneas generales, nos resulta difícil reconocer las cosas que hacemos que no son tan positivas en nosotros mismos y nos cuesta menos proyectarlas en los demás.

Tomemos el ejemplo de unos comentarios de una reunión de grupo con consumidores de 18 a 25 años sobre los restaurantes de *fast food*; la participante es una mujer joven de 23 años:

- Participante: «Mis amigos siempre quieren ir a McDonald's o a Burger King el fin de semana, les encanta este tipo de sitios» (esta joven habla como si ella no estuviera interesada en esta opción de comida y proyecta el interés en el grupo de amigos).

- Moderador: «¿Y tú qué haces cuando se decide ir a estos restaurantes?».

- Participante: «Ir con ellos, por supuesto».

- Moderador: «¿Y qué sueles pedir para comer?».

- Participante: «En McDonald's suelo pedir la Big Mac y en Burger King prefiero la Whopper» (suele ir a este tipo de locales, le gusta la comida y le cuesta reconocerlo) → proyecta su deseo sobre el grupo de amigos.

Veamos otro ejemplo de proyección. El participante es un hombre de 35 años:

- Participante: «Hay muchos conductores que no ponen atención al volante y conducen como les da la gana; no respetan las normas de circulación» (aquí se proyecta la conducta no deseada sobre otros conductores en general).

- Moderadora: «Y tú, ¿qué clase de conductor dirías que eres?».

- Participante: «Creo que soy un buen conductor».

- Moderador: «¿Y has tenido despistes al volante?».

- Consumidor: «Hace unas semanas iba hablando por el móvil mientras conducía, me distraje y casi me doy un golpe con el coche que venía por la derecha».

La identificación es el mecanismo contrario a la proyección. Consiste en apropiarse o compartir atributos positivos de otra persona. Se puede tratar de una *celebrity* (personaje famoso), un *influencer*, una foto en Instagram, un vídeo en TikTok, un tutorial en YouTube, el comportamiento de otro consumidor… (ver la imagen siguiente).

Figura 6.4. Identificación

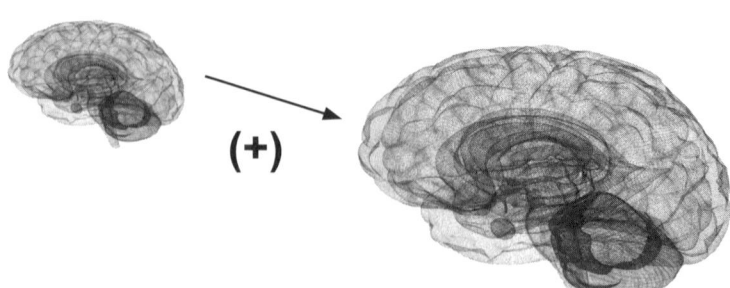

La identificación consiste en interiorizar un aspecto (generalmente positivo) de otra u otras personas

Fuente: Elaboración propia.

En la identificación (o introyección) se trata de incorporar lo bueno de otra persona a nuestra personalidad o estilo de vida. Veamos un primer ejemplo. Se trata de un hombre de 30 años.

- Moderador: «¿Qué marca de coche tienes?».
- Participante: «Me compré un KIA hace aproximadamente seis meses».
- Moderador: «¿Por qué decidiste comprar esa marca?».
- Participante: «Me encanta el diseño; me parece muy moderno».
- Moderador: «¿Y qué más me puedes decir de la marca KIA?».
- Participante: «Recuerdo un anuncio en el que aparece Rafa Nadal conduciendo un coche de esta marca; me llamó la atención» (aquí se puede apreciar el mecanismo psicológico de la identificación: «Si compro un KIA, me parezco a Rafa Nadal»).

Desde el punto de vista de la neurociencia, la identificación se basa en el mecanismo de imitación, en el que están implicadas las neuronas espejo.

Veamos otro ejemplo de una mujer de 32 años:

- Moderador: «¿Cuál es tu marca de moda favorita?».

- Participante: «Me gusta mucho Guess».

- Moderador: «Hablemos entonces de Guess; ¿qué te gusta de esta marca?».

- Participante: «Me gustan sus diseños; tiene unos vestidos muy elegantes».

- Moderador: «¿Qué más me puedes decir sobre Guess?».

- Participante: «Todavía recuerdo un vestido que llevaba Claudia Schiffer en una imagen de Guess en una revista de moda» (mecanismo de identificación: «si compro ese vestido, me parezco a la famosa modelo Claudia Schiffer»).

Y, por último, nos vamos a centrar en el mecanismo psicológico de la racionalización. Consiste en intentar explicar de forma lógica lo que en realidad nos está ocurriendo en el plano emocional.

Nuestro cerebro razona muchas veces, pero en otras ocasiones racionaliza.

La racionalización consiste en sustituir verdaderas motivaciones o emociones hacia una marca o producto por razones (explicaciones) superficiales (ver Figura 6.5).

Figura 6.5. Racionalización

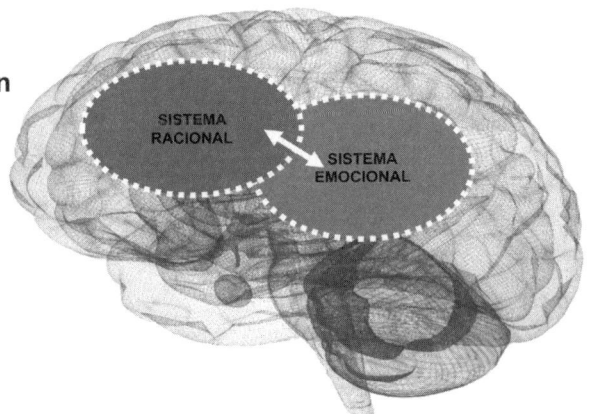

Fuente: Elaboración propia.

Veamos un ejemplo de este mecanismo a través de una mujer de 45 años.

- Participante: «Utilizo el perfume de Chanel n.º 5 porque es muy fresco y limpio» (estas son razones superficiales).

- Moderadora: «¿Cómo describirías la fragancia de Chanel n.º 5?».

- Participante: «Diría que es impactante y muy intensa; me encanta» (esto no encaja bien con fresco y limpio).

- Moderadora: «¿Y cómo te hace sentir este tipo de olor?».

- Participante: «Me hace sentir segura, incluso más atractiva» (estas son las verdaderas motivaciones).

Veamos ahora el último ejemplo con un hombre de 50 años de edad:

- Participante: «Tengo un coche porque por mi trabajo me muevo mucho por la ciudad; estoy siempre de un lugar para otro» (racionalización; explicación funcional).

- Moderadora: «¿Y qué coche tienes?».

- Participante: «Tengo un BMW».

- Moderadora: «¿Qué modelo tienes?».

- Participante: «Es un serie 5; es bonito, elegante y con un toque deportivo» (aquí están las verdaderas motivaciones).

PARTE III
El consumidor y las marcas

7

¿Cómo tomamos las decisiones de compra?

Una tarea compleja

Según el momento, tomar una decisión puede ser un acto difícil o muy fácil, pero en cualquier caso el análisis de la toma de decisiones del consumidor es un reto complicado, porque influyen múltiples variables que además interactúan entre sí unas con otras.

Se pueden distinguir tres tipos de variables diferentes:

- Variables externas o sociológicas.
- Variables internas o psicológicas.
- Las variables del *marketing mix* de la marca.

Las variables externas o sociológicas

Las principales variables externas son de dos tipos:

- Macrosociológicas, tales como:
  - Las características demográficas.
  - La cultura.

- El nivel socioeconómico.

- Los líderes de opinión, *celebrities*, *influencers*, etc.

- Los medios sociales: Internet, redes sociales, foros…

- Microsociológicas, como son:

  - La familia.

  - El grupo o grupos de amigos.

  - Los compañeros (estudios, trabajo).

  - El *word of mouth* (WOM).

Las variables internas o psicológicas

Me refiero a las que hemos estudiado en la parte II de este libro (edificio psicológico del consumidor):

- Motivaciones y frenos.

- Emociones.

- Actitudes.

- Personalidad.

Las variables del marketing mix

Aquí incluyo todas las piezas de marketing que influyen o pueden influir en la decisión de compra del consumidor:

- El nombre de la marca, el logo y lo que representa.

- La imagen de la marca.

- La responsabilidad social corporativa (RSC) de la empresa.

- Los atributos del producto o servicio.

- El *packaging*.

- La comunicación (las campañas publicitarias).

- Los recursos digitales (página web, *e-commerce*, *landing page*, redes sociales).

- El precio y las promociones.

- El punto de venta físico (por ejemplo, el rol del dependiente en el proceso de decisión de compra).

Imaginemos las múltiples y casi infinitas interacciones entre los tres niveles que acabamos de analizar y las correspondientes posibilidades (los elementos sociológicos, psicológicos y el *marketing mix*). Pues bien, a pesar de esta enorme casuística de probabilidades, podemos identificar tres grandes patrones o rutas en la toma de decisiones.

No solo tomamos muchas decisiones diariamente, sino que lo solemos hacer de tres maneras diferentes según el momento y el contexto:

- Ruta racional.
- Ruta emocional.
- Y ruta habitual/automática.

La Figura 7.1 nos muestra los tres principales tipos de decisiones que solemos tomar:

Figura 7.1. Los tres paquetes de las decisiones de compra

Cognitivo	Emocional	Automático
Consciente	Afectivo	Instantáneo
Racional	Impulsivo	Inconsciente
Secuencial	Espontáneo	Conductual

Fuente: Elaboración propia.

De nuevo, no estamos ante compartimentos estancos, sino que hay interrelaciones entre ellos. Puedo decidir no tomar un helado hoy si voy a ir a un buen restaurante mañana. Tomo una decisión racional hoy para abrir paso a una decisión emocional mañana. Es decir, las decisiones se pueden complementar o pueden también entrar en conflicto. Las posibilidades son infinitas.

La ruta racional

Hay ocasiones en que tomamos decisiones de una forma muy pensada y racional tras sopesar previamente los pros y los contras de las diferentes opciones.

Le dedicamos tiempo y esfuerzo al proceso de decisión de compra. Puede ser el caso de la compra/alquiler de una vivienda, de la compra de un coche o la decisión relacionada con la carrera universitaria que va a seguir un joven concreto.

En estos casos se intenta realizar un análisis «frío» de la información y las opciones disponibles, aunque no siempre se consigue. Los aspectos motivacionales y emocionales pueden entrar en acción. Por ejemplo, este piso es más caro, pero me resulta mucho más atractivo y motivante para vivir.

Tradicionalmente, los investigadores del consumidor se han aproximado al proceso de la toma de decisiones desde una perspectiva racional (ver Figura 7.2).

Figura 7.2. Las cinco fases principales de la ruta racional

1. Reconocimiento del problema
2. Búsqueda de información
3. Evaluación de alternativas
4. Elección del producto
5. Evaluación post-compra

Fuente: Elaboración propia.

Y han definido un proceso que consta de cinco fases:

1) Reconocimiento del problema → por ejemplo, «necesito comprar un nuevo ordenador; el que tengo tiene casi seis años y no funciona bien». Surge un problema que necesita solución. El problema aparece cuando hay una diferencia significativa entre la situación real actual y la situación ideal.

2) Búsqueda de información → navegar en la red para ver y aprender sobre los nuevos modelos de ordenadores.

3) Evaluación de alternativas, primero *online* y luego en la tienda física. Se maneja un conjunto que suele oscilar entre tres y cinco opciones (conjunto de marcas).

4) Elección del producto → se identifica la opción que satisfaga las necesidades del usuario y, si es posible, que resulte al mismo tiempo atractiva.

5) Evaluación postcompra → la experiencia posterior a la compra lleva a un determinado nivel de satisfacción que, evidentemente, influirá en las compras futuras.

Este proceso se puede hacer de una manera más racional, de una forma más emocional o mixta (combinando aspectos racionales con elementos emocionales).

La ruta emocional

Hay tres elementos importantes que influyen en la activación de la ruta de decisiones de compra racionales o emocionales. Se trata de:

1) La personalidad del consumidor → hay consumidores que en general realizan compras de una manera más racional y, otros, por el contrario, las llevan a cabo de una forma más impulsiva. Hay personas que compran un coche por su utilidad, por su funcionalidad (son consumidores más racionales y pragmáticos) y otras personas que lo compran por su línea (estética), potencia o deportividad (son consumidores más hedonistas).

2) La categoría de productos → no es lo mismo ir a comprar productos de limpieza para el hogar (racionalidad, funcionalidad, pragmatismo) que perfumes (que nos evocan un mundo motivacional, emocional).

3) En general, cuanto mayor es el desembolso económico en relación con el poder adquisitivo, mayor intervención de los mecanismos racionales versus los emocionales.

La ruta emocional se activa más intensamente ante aquellos productos, servicios, experiencias, aplicaciones, etc., que nos resultan muy motivantes y atractivos. Por ejemplo: tomar una pizza, una hamburguesa, un refresco, una cerveza, un helado, un postre, un dulce, un día en un parque temático, ver una película en el cine, leer una novela interesante… En estos casos predomina el sistema emocional sobre el racional.

La ruta automática

Estamos hablando aquí de las miles de decisiones que tomamos diariamente con poco o nada de esfuerzo consciente. Si tuviéramos que tomar todas estas decisiones con el sistema racional, no nos quedaría tiempo para disfrutar de la vida.

Esta ruta automática se sigue muchas veces por mera repetición de decisiones que se toman a diario y que han funcionado bien.

Pero en otras ocasiones esta forma automática de tomar decisiones nos conduce al error. Es lo que denominamos *heurísticos* o *sesgos cognitivos*.

Y es que se calcula que tomamos unas 35.000 decisiones diarias. Como es lógico, pensar la mayoría de ellas involucra a esta ruta automática en la toma de decisiones, porque es más rápida, más intuitiva y conlleva un consumo energético menor.

La economía conductual o economía del comportamiento (*behavioral economics*, *behavioral science*) es una disciplina bastante reciente que nos ayuda a entender cómo el cerebro toma decisiones dentro de un determinado contexto, donde hay varias alternativas con diferentes características cada una. Daniel Kahneman y Dan Ariely son dos grandes referentes en este campo.

Esta nueva mirada nos permite comprender mejor por qué el consumidor toma una decisión determinada en un momento concreto. La idea principal es que utiliza atajos mentales.

Recibimos 11 millones de bits de información cada segundo; y es prácticamente imposible procesar el 100%. Nuestro cerebro recurre a heurísticos, es decir a *shorcuts* (atajos mentales) en los que utiliza la información más notoria e impactante para tomar decisiones de una manera más rápida; es decir, con el liderazgo del pensamiento rápido.

Pero habitualmente no se detiene a hacer un análisis detallado de todas las situaciones y contextos en los que tiene que tomar una decisión. Por esta razón, las decisiones a menudo son rápidas, pero no siempre son las más adecuadas. Se trata de un equilibrio entre la rapidez de la respuesta y su idoneidad.

Veamos uno de los múltiples ejemplos de heurísticos que nos comparte Kahneman en su famoso libro *Pensar rápido, pensar despacio*. Vamos a ver cómo el contexto y la información previa de la que disponemos condicionan la respuesta de la persona. Tiene que ver con el Exploratorium, un famoso museo de ciencias, tecnología y arte que hay en la ciudad de San Francisco:

«El anclaje puede medirse, y este es un efecto extraordinario. A algunos visitantes del Exploratorium de San Francisco se les hicieron estas dos preguntas:

- ¿Es la altura de la secuoya más alta mayor o menor de 1.200 pies?

- ¿Cuál es su estimación de la altura de la secuoya más alta?

En este experimento el «ancla alta» era 1.200 pies. Para otros participantes, la primera pregunta presentaba un ancla baja de 180 pies. La diferencia entre las dos anclas era de 1.020 pies.

Como era de esperar, los dos grupos hicieron estimaciones medias muy distintas: 844 y 282 pies. La diferencia era de 562 pies… Valores similares se han observado en muchas tareas».

Dan Ariely es catedrático de Psicología y Economía Conductual. Nació en Estados Unidos y se crio en Israel. En su libro *Las trampas del deseo (cómo controlar los impulsos irracionales que nos llevan al error)* destaca los siguientes fenómenos:

> No solo somos irracionales, sino previsiblemente irracionales; es decir que nuestra irracionalidad se produce siempre del mismo modo una y otra vez.

> Esos comportamientos irracionales nuestros ni son aleatorios ni carecen de sentido. Antes bien, resultan ser sistemáticos y, en la medida en que los repetimos una y otra vez, previsibles.

> Los seres humanos raramente eligen las cosas en términos absolutos.

> La mayoría de la gente no sabe lo que quiere si no lo ve en un contexto.

Es decir, que nuestras decisiones están determinadas en gran medida por el entorno, las opciones que tenemos delante de nosotros y las características de cada una de ellas (prestaciones, calidad, precio…). Y este es el objeto de estudio de la disciplina *behavioral science*.

Ariely analiza múltiples situaciones y casos en los que se demuestra la importancia del contexto y de las opciones en nuestro comportamiento.

> Fijémonos en lo que hace Juan, el dueño de la tienda de televisores. Este emplea la misma clase general de trucos con nosotros cuando decide qué televisores poner juntos en el escaparate:
>
> Grundig de 19 pulgadas, por 210 euros.
>
> Sony de 26 pulgadas, por 385 euros.
>
> Samsung de 32 pulgadas, por 540 euros.
>
> ¿Cuál elegiría usted? En este caso, Juan sabe que a los clientes les resulta difícil calcular el valor de las distintas opciones (¿quién sabe realmente si el Grundig de 210 euros es o no mejor que el Samsung de 540?). Pero Juan sabe también que, dadas tres opciones, la mayoría de la gente escogerá la intermedia (que es como hacer aterrizar el avión entre las dos líneas de balizas). ¿Se imagina entonces, qué televisor situará Juan como el de precio intermedio? ¡Ha acertado! Precisamente el que quiere vender.

Este es solo uno de los múltiples casos que se producen cada día en la interacción entre los planteamientos comerciales de las marcas y los vendedores (intermediarios), y los procesos de decisión de compra del consumidor.

Se han identificado más de 200 heurísticos en la literatura científica y resulta muy útil tenerlos en cuenta a la hora de planificar las acciones comerciales o de marketing (precios, promociones, tamaño del envase...).

Algunos de estos heurísticos han sido denominados *framing, anchoring, confirmation bias, peak-end rule, loss aversion, endowment effect, statu quo, optimism bias, hold-cold empathy gap, sunk cost effect, ambiguity effect, availability bias, conformity effect, decoy effect, egocentric bias, halo effect, primacy effect, hiperbolic discounting, Ikea effect, in-group bias, attentional bias, mental accounting, reciprocity, scarcity effect, social proof, Von Restorff effect, bias blind spot, series ilusión, drag effect, retrospective bias, false consensus bias, numbers effect, implicit stereotype bias, etc.*

Es importante tener en cuenta estos atajos mentales en el análisis de las acciones de marketing de las marcas y las posibles reacciones del consumidor. De esta forma, podremos predecir con mayor exactitud el comportamiento futuro de los compradores.

Si deseas profundizar en la toma de decisiones de la mente humana, te recomiendo el libro de Rubén Moreno, un profesional experto en neurociencia que consiguió el premio Ramón y Cajal en 2010, *¿Cómo tomamos decisiones? (Los mecanismos neuronales de la elección)*.

La toma de decisiones y la neurociencia

Últimamente, se han realizado algunas investigaciones de neurociencia sobre el proceso de compra con técnicas de neuroimagen. Estas decisiones involucran a la corteza prefrontal, aunque no es la única área que participa. Se han detectado patrones de activación de diferentes redes neuronales, cada una de ellas ligada a una decisión posible.

En realidad, una marca es un conjunto de asociaciones y experiencias grabadas en una red de neuronas concreta; digamos que cada marca tiene su propio circuito. Cuando pensamos en la marca de automóviles BMW, se activa una red diferente que si pensamos en la marca Audi. Lo mismo ocurre con Tesla o con cualquier otra marca. Cuanto más importante y significativa es una marca para nuestra mente, más fuerte es el conjunto de conexiones neuronales. Y con más rapidez e intensidad se activa esa red.

Si estamos dudando entre cuál de dos marcas comprar, cada alternativa estaría activando un circuito neuronal concreto y diferente. Y, cada vez más, las técnicas de neuroimagen nos están posibilitando predecir la decisión que tomará el lóbulo prefrontal; en estos momentos, aproximadamente con un 80% de exactitud. Y parece ser que esta decisión se produce 700 milisegundos antes de que el sujeto sea consciente de su decisión final. La tecnología nos está permitiendo avanzar notablemente en la comprensión de los procesos de decisión de compra. Tenemos que estar satisfechos con los descubrimientos realizados hasta ahora y, al mismo tiempo, ser rigurosos, prudentes y humildes con el trabajo que queda pendiente.

A modo de síntesis

Como comentaba al principio de este capítulo, la decisión de compra final es holística y puede seguir múltiples direcciones. La dirección definitiva dependerá de la interacción entre varios factores (ver Figura 7.3):

- El país y la cultura en las que está inmerso el consumidor.

- Las circunstancias concretas del momento y el lugar de compra.

- El propio sujeto. Recordemos las diferentes variables que componen el «edificio» psicológico del consumidor: motivaciones, frenos, emociones, actitudes y personalidad.

- Y la influencia de las otras personas del entorno. Aquellas personas que condicionan de una u otra manera la decisión final.

Figura 7.3. La decisión de compra es holística

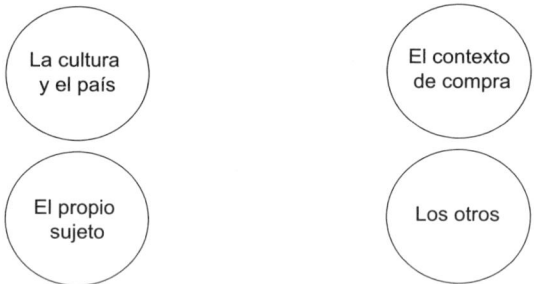

Fuente: Elaboración propia.

8

¿Qué nos ocurre a la hora de pagar?

Para la elaboración de este capítulo me he basado en el libro del conocido experto en neuromarketing Roger Dooley. Su libro se titula *Brainfluence: 100 formas de convencer y persuadir a través del neuromarketing.*

Los últimos estudios de neurociencia nos han demostrado que el acto de pagar después de haber tomado una decisión de compra representa un momento doloroso para nuestro cerebro. Se activa la amígdala, que como hemos visto anteriormente es una pequeña estructura cerebral relacionada con el miedo y otras emociones básicas.

El dolor que asociamos con el pago se debe a que implica una disminución de nuestros recursos, lo que llevado a un estado límite significa la ruina, la pobreza, la muerte.

Por el contrario, el hecho de cobrar dinero es placentero para nuestro cerebro. Por ejemplo, cuando recibimos el ingreso mensual de la nómina o una deuda de un amigo a través de Bizum, se activa el sistema de recompensa cerebral.

Pero veamos algunas estrategias que pueden afectar al placer o displacer con el que tomamos decisiones y realizamos las compras.

Pagar por piezas o por unidades es muy desagradable para nuestro cerebro. Cada nueva pieza que se adquiere activa la amígdala. Consideremos dos formas de pago para el servicio de telefonía móvil: pagar por cada llamada versus disfrutar de una tarifa plana. El cerebro prefiere la segunda opción, porque implica que se incluyen llamadas ilimitadas en un solo pago. En este caso, la tarifa plana es una especie de analgésico para nuestra mente.

En su libro *Brainfluence* (2015), Roger Dooley dice:

> Me encanta el sushi, pero odio la forma en que se vende en la mayoría de los restaurantes en Estados Unidos, con un precio separado para cada pequeña pieza. Cada bocado que doy parece tener un precio: «Hmm, no está nada mal. ¿Pero ese bocado valía cinco dólares? ¿Realmente quiero otro?».

Dooley continúa:

> En el capítulo anterior conocimos a George Loewenstein, profesor de psicología y economía en la Universidad Carnegie Mellon. Otra idea de su trabajo es que vender productos de manera que el consumidor vea que el precio aumenta con cada nuevo consumo causa mayor dolor. No es dolor físico, por supuesto, sino la activación de las mismas áreas del cerebro asociadas con el dolor físico.

Recordemos la experiencia de viajar en un taxi donde el taxímetro va marcando lentamente el precio del viaje en cada momento. Es mejor no mirarlo, que sería el equivalente a negar su existencia; otra opción es pensar en el precio total aproximado de todo el recorrido. Son estrategias que utiliza nuestra mente para evitar o amortiguar el dolor de pagar dinero y del sistema de pago por unidades.

Por otro lado, nos encontramos con el caso del *buffet* libre, que transforma el dolor de pagar en placer. Por una cantidad acordada previamente, el cliente puede consumir libremente toda la cantidad de alimentos que desee. Lo mismo sucede con el sistema «todo incluido» de los hoteles, *resorts* o parques temáticos.

Cuando en estas situaciones hay un servicio o atracción que no está incluido en el precio de la pulsera «mágica», se experimenta una punzada psicológica particularmente dolorosa.

Los precios modulares, en función del poder adquisitivo del cliente, podría ser una solución intermedia entre el pago por unidades y la tarifa plana.

Pero el precio no es un estímulo absoluto sino relativo. Depende de varios factores externos e internos:

- El nivel de deseo hacia el producto.
- La calidad del producto.
- La imagen de la marca.
- Los descuentos y las promociones.
- La forma de pago.
- El perfil del comprador (más racional o más impulsivo).
- Etc.

«El precio es lo que pagas. El valor es lo que obtienes».

Warren Buffett

En este contexto, el dolor de pagar se puede mitigar en las siguientes situaciones:

- Cuando el producto es muy deseado. Como si el dolor del pago fuera compensado con el placer de poseer el producto ansiado.
- La alta calidad del producto (excelencia) trabaja en la misma dirección.
- Lo mismo ocurre con la imagen de una marca prestigiosa.
- Otra forma de reducir el displacer asociado al pago son los descuentos y las promociones.

Todo es relativo y hay muchas variables en juego. Y estas variables están muy interrelacionadas. Diferentes entornos nos cambian las sensaciones, percepciones y emociones que experimentamos. Un consumidor con alto poder adquisitivo puede experimentar placer en pagar por un producto y una marca costosos, ya que este acto le distingue del resto y le sitúa como una persona selectiva, elitista, prestigiosa, diferente y de nivel socioeconómico alto.

Aunque pagar es casi siempre doloroso para nuestro cerebro, hay diferentes tipos de consumidores. Y es importante tener bien presente la neurosegmentación. Porque hay perfiles de compradores más realistas y responsables que prefieren pagar cuanto antes, porque de esta forma saben que sus cuentas están al día y así experimentan una sensación de liberación. Experimentan una sensación positiva por el placer del deber cumplido.

Hay varias acciones que activan el centro de dolor psicológico de la amígdala, en el sistema límbico. Es el caso de pagar en efectivo o desprenderse de una gran cantidad de dinero. Nuestro cerebro tiene una enorme aversión a la pérdida.

Pero las entidades financieras han encontrado fórmulas para que la amígdala no sufra tanto y el lóbulo frontal pueda exponer sus razones (y en ocasiones racionalizaciones) que facilitan la decisión de compra inmediata:

- La tarjeta de crédito.
- La hipoteca.
- El pago diferido.
- El pago a plazos.
- El descuento.
- La promoción.
- El concepto de ahorro.
- Etc.

Volviendo al libro de Dooley nos encontramos estos ilustrativos comentarios:

> El problema es que, para muchos consumidores, la tarjeta de crédito les quita (literalmente, desde el punto de vista del consumidor) el dolor de comprar. Sacar dinero de la tarjeta nos hace sopesar más la compra.

> Parece que esto tiene sentido y es totalmente consistente con el comportamiento en el mundo real. Una tarjeta de crédito reduce el nivel de dolor al transferir el costo a un momento futuro en el que

se puede pagar en pequeñas cuotas. En consecuencia, una tarjeta de crédito, no solo le permite al consumidor comprar algo sin tener el dinero, sino que también inclina la balanza cuando el cerebro sopesa el dolor versus el beneficio de la compra. Esta puede ser una mala combinación para quienes carecen de disciplina económica.

La evolución del dinero a lo largo del tiempo, desde la aparición de la moneda pasando por los billetes, tarjetas de crédito, pago con el móvil hasta las criptomonedas, avanza en la línea de amortiguar el dolor del pago al volatilizar el dinero físico. El dinero es cada vez más simbólico y menos material.

9

¿Cuáles son las marcas más valiosas del mundo?

Las claves del éxito

La última edición de BrandZ Top 100 (Kantar) sobre las 100 marcas globales más valiosas del mundo se lanzó al mercado en junio de 2023. Este famoso *ranking* tiene una periodicidad anual. Apareció en el año 2006 y ha ido creciendo durante los últimos 18 años. En la actualidad se ha convertido en la base de datos más potente que se conoce sobre las marcas.

Es el único *ranking* mundial que combina dos fuentes complementarias:

- Por un lado, la percepción que el consumidor tiene de las marcas. La fuerza de la marca en la mente del consumidor tiene una relación directa con el valor de la marca.

- Y, por otro lado, los resultados financieros conseguidos por la marca.

Pero en esta edición se han registrado unos resultados atípicos en el funcionamiento de las 100 marcas más potentes del mundo. En conjunto han alcanzado un valor de 6,9 billones de dólares, lo que supone una caída del 20% frente al año 2022.

Las principales causas de este fenómeno hay que buscarlas en los siguientes factores:

- Los dos años previos hubo subidas muy fuertes en el valor de estas marcas (+42% en 2021 y +23% en 2022).
- Las consecuencias negativas de la guerra de Ucrania.
- La presión macroeconómica.
- La desconfianza del inversor.
- Y la presencia de mercados cada vez más «gaseosos» (mayor nivel de disrupción y de volatilidad).

Pero el *ranking* BrandZ Top 100 ha demostrado en otras crisis anteriores que estas marcas son más resistentes cuando hay dificultades económicas y que se recuperan más rápido. Es el momento adecuado para volver a empezar, iniciar los relanzamientos oportunos y reconectar con el consumidor. Porque las marcas más fuertes aportan mayor retorno de la inversión a los accionistas.

Las Top 10 en el informe de 2023 han sido:

1) Apple (mantiene el liderazgo).

2) Google (mantiene la segunda posición).

3) Microsoft (gana un puesto).

4) Amazon (pierde un puesto).

5) McDonald's (sube una posición).

6) Visa (sube una posición).

7) Tencent (baja dos posiciones).

8) Louis Vuitton (asciende dos puestos).

9) Mastercard (entra en el Top 10).

10) Coca-Cola (vuelve al Top 10; estuvo hace años, pero perdió su puesto).

De las diez marcas que más crecieron, cinco pertenecen al sector de las bebidas refrescantes:

- Pepsi (+17%) (la segunda marca que más creció).
- Fanta (+15%) (tercera marca que más creció).
- Sprite (+12%) (quinta marca que más creció).
- Gatorade (+11%) (sexta marca que más creció).
- Y Coca-Cola (+8%) (novena marca que más creció).

Estos crecimientos tan significativos tienen todavía más valor, al producirse en un año en el que el conjunto de las marcas más valiosas ha decrecido un 20%.

Once marcas han llegado nuevas o han conseguido regresar al olimpo de las cien marcas más valiosas del mundo. La primera de ellas es Shein (moda), que se ha colocado directamente en la posición 70. ¡Vaya entrada!

La base de datos de BrandZ está compuesta por:

- 4,2 millones de entrevistas cuantitativas a consumidores.
- 170.000 consumidores anuales.
- Las reacciones y las actitudes hacia 21.000 marcas.
- 540 categorías.
- En 54 países.
- En total, 5,4 billones de datos.

Pero ¿qué conocimientos y aprendizajes nos ha aportado todo este enorme *big data* sobre la relación marca-consumidor? Las marcas más exitosas conectan mejor con la mente del público al que se dirigen porque:

- Son relevantes → establecen una buena conexión emocional con el consumidor, le aportan calidad de vida y le facilitan el día a día.
- Son diferentes → son marcas creativas, innovadoras, únicas y marcan tendencia en los mercados en los que operan. Por este motivo, son marcas más difíciles de sustituir.

- Captan la atención → recordando siempre que están ahí, a mano, disponibles, las primeras, las *top of mind* (TOM).

- Apuestan por la sostenibilidad → a la hora de realizar las diferentes y múltiples actividades, piensan en el cuidado del planeta.

- Y pueden establecer una estrategia de precio *premium* (*pricing power*) → son capaces de justificar eficazmente un mayor precio porque generan sensaciones, percepciones, emociones y experiencias diferentes y positivas.

La Figura 9.1 nos muestra las cinco claves del éxito de las marcas más valiosas del mundo.

Figura 9.1. Claves del éxito de las marcas

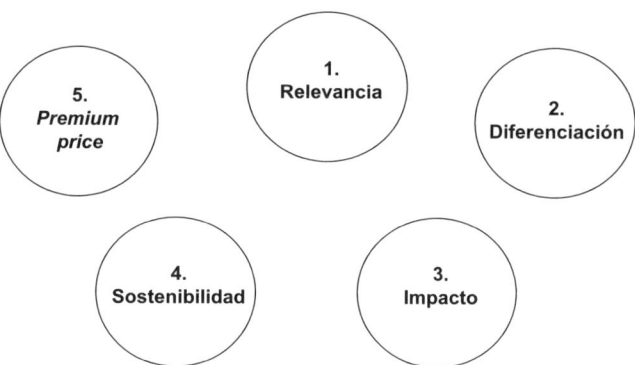

Fuente: Elaboración propia.

Pero, además, la University of Oxford's Saïd Business School ha estudiado y revisado los datos de BrandZ y ha llegado a dos conclusiones principales:

- La diferenciación de la marca es el indicador más potente para predecir los resultados del negocio.

- Se puede llegar a predecir el funcionamiento/crecimiento de un negocio con un 99,5% de precisión.

Brand clarity

Los avances en la disciplina de *behavioral science* nos han enseñado que la mente del consumidor almacena los recuerdos utilizando tres tipos de conexiones mentales:

- Conocimientos.
- Emociones.
- Y experiencias.

Las marcas que han conseguido impactar y grabar impresiones de estos tres tipos en el cerebro emergen más rápido en nuestra mente, porque activan de forma inmediata los recuerdos grabados en la memoria (*brand clarity*).

Desde el punto de vista de la neurociencia, una marca es un vínculo emocional y es también un conjunto de neuronas que se activan en el cerebro y forman un circuito concreto que toma el protagonismo al pensar en una marca.

El concepto de *brand clarity* hace referencia a la fuerza, rapidez y originalidad con que se activan las asociaciones o representaciones mentales de una marca.

De esta forma, una *brand clarity* fuerte genera una intuición inmediata y una afinidad emocional.

Una elevada claridad de marca puede llegar a suponer hasta un +70% en la contribución a las ventas (ver Figura 9.2).

Es decir, una elevada *brand clarity* ayuda a tomar la decisión de compra de una marca de una manera más natural, fácil y satisfactoria.

Y es que el marketing verdaderamente efectivo:

- Informa eficazmente de lo que es y lo que hace una marca.
- Genera contexto y conexión emocional.
- Y asegura una experiencia de uso/consumo positivo alrededor de la marca.

Figura 9.2. Contribución de *brand clarity* a las ventas

Una elevada claridad de marca supone +70% en la contribución a las ventas

Fuente: Elaboración propia.

Nuevas tendencias

La inteligencia artificial puede dar un nuevo impulso a las cien marcas más valiosas del mundo. Les puede ayudar en múltiples aspectos:

- En poder conseguir unas operaciones más tecnológicas y eficaces.
- En la personalización.
- En la *customer experience* (CX).
- En el diseño.
- En la innovación.
- En las diferentes actividades y acciones de marketing.

Las marcas tienen que estar abiertas y preparadas para la llegada de la generación Alpha:

- Son los nacidos en el 2010.
- Nativos en inteligencia artificial.
- Han vivido una cascada de disrupciones consecutivas (covid, pandemia, guerra en Ucrania).
- Y están más acostumbrados a moverse en ámbitos hasta ahora más independientes entre sí, como son la escuela (formación) y los videojuegos (dimensión lúdica, entretenimiento).

Bibliografía

Acosta, J. M.ª (2011): *Inteligencia emocional*. Gestión 2000.

Alonso, J. R. (2018): *Historia del cerebro. Una historia de la humanidad (Guadalmazón)*. Editorial Almuzara.

Alonso, J. y Grande, I. (2013): *Comportamiento del consumidor (Decisiones y estrategia de marketing)*. ESIC Editorial, Madrid.

Alonso Puig, M. (2012): *Reinventarse. Tu segunda oportunidad (21.ª ed)*. Plataforma Editorial.

Álvarez del Blanco, R. (2011): *Neuromarketing, fusión perfecta. Seducir al cerebro con inteligencia para ganar en tiempos exigentes*. Editorial Pearson España.

Ariely, D. (2008): *Las trampas del deseo. Cómo controlar los impulsos irracionales que nos llevan al error*. Editorial Ariel.

— (2011): *Las ventajas del deseo. Cómo sacar partido de la irracionalidad en nuestras relaciones personales y laborales*. Editorial Ariel.

— (2018): *Las trampas del dinero*. Editorial Ariel.

ARSUAGA, J. L. (2019): *Vida, la gran historia. Un viaje por el laberinto de la evolución.* Ediciones Destino.

BASSAT, L. (2011): *Inteligencia comercial* (2.ª ed.). Plataforma Editorial.

BLYTHE, J. y SETHNA, Z. (2019): *Consumer Behaviour.* Fourth Edition. Sage Publications.

CARUANA, F. (2019): *El cerebro empático. ¿Cómo funciona la comprensión del otro?* Editorial Bonalletra Alcompás.

CATUARA, S. (2018): *Las neuronas espejo. Aprendizaje, imitación y empatía.* Editorial Bonalletra Alcompás.

CLARK, D. L.; BOUTROS, N. N. y MÉNDEZ, M. F. (2005): *El cerebro y la conducta: Neuroanatomía para psicólogos.* Editorial Manual Moderno.

CORREAS, J. (2018): *Placer y recompensa. Los mecanismos de la motivación.* Editorial Bonalletra Alcompás.

COTRUFO, T. y UREÑA, J. M. (2018): *El cerebro y las emociones (sentir, pensar, decidir).* Editorial Bonalletra Alcompás.

DAMASIO, A. (1994): *El error de Descartes. La emoción, la razón y el cerebro humano.* Editorial Crítica.

— (2003): *En busca de Spinoza. Neurobiología de la emoción y los sentimientos.* Editorial Crítica.

— (2010): *Y el cerebro creó al hombre.* Editorial Destino.

— (2018): *El extraño orden de las cosas. La vida, los sentimientos y la creación de las culturas.* Editorial Destino.

DARWIN, C. (1859): *El origen de las especies.* John Murray.

— (1872): *La expresión de las emociones en el hombre y en los animales.* John Murray.

DE LA MORENA, A. y MISIEGO, F. (2015): *¿Compras con el corazón o con el cerebro? Neuromarketing, Sensory, y Neuromanagement para mujeres y hombres curiosos.* Editorial Rasche.

DE LA MORENA, A. y SALA, G. (2020): *Secretos de tu cerebro. Claves para la neurofelicidad y el neurocoaching.* Editorial Kairós.

DEL CAMPO, A. (2021): *La vida en tiempos de la covid. (Una antropología de la pandemia)*. Editorial Catarata.

DEZA, M. (2012): *Tu cerebro lo es todo. ¿Sabes cómo y por qué decides?* Plataforma Editorial.

DIERSSEN, M. (2018): *¿Cómo aprende (y recuerda) el cerebro? Principios de neurociencia para aplicar en la educación*. Editorial Bonalletra Alcompás.

DOOLEY, R. (2012): *Brainfluence. 100 formas de convencer y persuadir a través del neuromarketing*. Ediciones Urano.

DU PLESSIS, E. (2005): *The advertised mind. Groundbreaking insights into how our brains respond to advertising*. Kogan Page & Millward Brown.

— (2011): *The branded mind. What neuroscience really tells us about the puzzle of the brain and the brand*. Kogan Page & Millward Brown.

EAGLEMAN, D. (2015): *El cerebro. Nuestra historia*. Editorial Anagrama.

— (2011): *Incógnito. Las vidas secretas del cerebro*. Editorial Anagrama.

EDELMAN, G. M. y TONONI, G. (2000): *El universo de la conciencia. Cómo la materia se convierte en imaginación*. Editorial Crítica.

EKMAN, P. (1982): *Emotions and facial expressions: A cross-cultural perspective*. Erlbaum.

EVAMY, M. (2007): *Logo*. Laurence King Publishing.

GARCÍA, E. (2018): *Somos nuestra memoria (recordar y olvidar)*. Editorial Bonalletra Alcompás.

GARCÍA, G. (2017): *Casos de investigación. Una práctica empresarial*. ESIC Editorial.

GLADWELL, M. (2005): *Inteligencia intuitiva. ¿Por qué sabemos la verdad en dos segundos?* Taurus Ediciones.

— (2019): *Hablar con extraños. Por qué es crucial (y tan difícil) leer las intenciones de los desconocidos*. Penguin Random House.

GOLDBERG, E. (2001): *El cerebro ejecutivo. Lóbulos frontales y mente civilizada*. Editorial Crítica.

— (2009): *The new executive brain. Frontal lobes in a complex world*. Oxford University Press.

– (2019): *Creatividad. El cerebro humano en la era de la innovación.* Editorial Crítica.

GOLEMAN, D. (1995): *Inteligencia emocional.* Editorial Kairós.

– (2006): *Inteligencia social. La nueva ciencia de las relaciones humanas.* Editorial Kairós.

GONZÁLEZ, M. (2020): *Fragmentos de una sociedad curva.* Europa Ediciones.

GRANDE, I. y RUIZ DE MAYA, S. (2013): *Casos de comportamiento del consumidor (Reflexiones para la dirección de marketing).* ESIC Editorial.

GRAVES, P. (2001): *¿Por qué consumimos? El mito de los estudios de mercado, y las verdades sobre la psicología del comprador y su comportamiento.* Editorial Empresa Activa.

HARARI, Y. N. (2013): *Sapiens. De animales a dioses.* Editorial Debate, Penguin Random House.

– (2015): *Homo Deus. Breve historia del mañana.* Editorial Debate, Penguin Random House.

– (2018): *21 lecciones para el siglo XXI.* Editorial Debate, Penguin Random House.

HOLLIS, N. (2008): *The Global Brand. How to create and develop lasting brand value in the world market.* Palgrave Macmillan.

– (2013): *Brand premium. How smart brands make more money.* Palgrave Macmillan.

HOUDÉ, O.; KAISER, D.; KOENING, O.; PROUST, J. y RASTIER, F. (1998): *Diccionario de ciencias cognitivas.* Amorrortu Editores.

HOYER, MACINNIS, PIETERS, CHAN, NORTHEY (2021): *Consumer Behaviour.* Second edition. Cengage Learning.

JÁUREGUI, J. A. (1998): *Cerebro y emociones. El ordenador emocional.* Maeva Ediciones.

JERICÓ, P. (2016): *¿Y si realmente pudieras? La fuerza de tu determinación.* Alienta Editorial.

JOHNSON-LAIRD, P. N. (1990): *El ordenador y la mente.* Editorial Paidós.

KOLB, B. y WHISHAW, E. Q. (2015): *Neuropsicología humana* (7.ª ed.). Editorial Médica Panamericana.

LAZAR, L. y SCHIFFMAN, L. G. (2010): *Comportamiento del Consumidor.* Décima edición. Pearson Education.

LEACH, W. (2018): *Marketing to mindstates. The practical guide to applying behavior design to research and marketing.* Lioncrest Publishing.

LEHRER, J. (2009): *Cómo decidimos y cómo tomar mejores decisiones.* Editorial Paidós.

LINDSTROM, M. (2003): *Brand child. Remarkable insights into the minds of today's global kids and their relationships with brands.* Kogan Page.

— (2005): *Brand sense. Build Powerful Brands through Touch, Taste, Smell, Sight and Sound.* Free Press.

— (2008): *Buy-ology. Verdades y mentiras de por qué compramos.* Grupo Editorial Norma.

— (2016): *Small data. Las pequeñas pistas que nos advierten de las grandes tendencias.* Editorial Deusto.

MANES, F. y NIRO, M. (2018): *El cerebro del futuro. ¿Cambiará la vida moderna nuestra esencia?* Ediciones Paidós.

— (2015): *Usar el cerebro. Conocer nuestra mente para vivir mejor.* Ediciones Paidós.

MARINA, J. A. (2011): *El cerebro infantil: la gran oportunidad.* Editorial Ariel.

— (2012): *La inteligencia ejecutiva.* Editorial Ariel.

MARINA, J. A. y RAMBAUD, J. (2018): *Biografía de la humanidad. Historia de la evolución de las culturas.* Editorial Ariel.

MARIÑO, X. (2012): *Neurociencia para Julia. Un viaje de exploración a la máquina de la mente.* Editorial Laetoli.

MARTÍ, E. (2011): *Las siete inteligencias. Siete maneras de afrontar la vida.* Plataforma Editorial.

MARTÍN-LOECHES, M. (2007): *La mente del 'Homo sapiens'. El cerebro y la evolución humana.* Editorial Aguilar.

MARTÍNEZ, P. (2008): *Cualitativa-mente. Los secretos de la investigación cualitativa.* ESIC Editorial.

– (2008): *Qualitology. Unlocking the secrets of qualitative research.* ESIC Editorial.

– (2012): *The consumer mind. Brand perception and the implications for marketers.* Kogan Page.

– (2013): *Los personajes de tu mente.* Plataforma Editorial.

– (2021): *Neuroinsights. La neurociencia, el consumidor y las marcas.* ESIC Editorial.

MARTÍNEZ SELVA, J. M. (2017): *La neurociencia del aprendizaje. La construcción del cerebro por la experiencia.* RBA Editores.

MATUTE, H. (2018): *Nuestra mente nos engaña. Sesgos y errores cognitivos que todos cometemos.* Editorial Bonalletra Alcompás.

MORA, F. (2009): *Cómo funciona el cerebro.* Alianza Editorial.

MORENO, R. (2018): *¿Cómo tomamos decisiones? Los mecanismos neuronales de la elección.* Editorial Bonalletra Alcompás.

NELISSEN, M. (2013): *Darwin en el supermercado. Cómo influye la evolución en nuestro día a día.* Editorial Ariel.

PENN, M. J. (2007): *Microtrends. The small forces behind tomorrow's big changes.* Twelve Publishers.

PINILLOS, J. L. (1998): *La mente humana.* Editorial Círculo Universidad, Barcelona.

PINKER, S. (1997): *Cómo funciona la mente.* Editorial Destino Imago Mundi.

PRADEEP, A. K. (2010): *The buying brain (Secrets for Selling to the Subconscious Mind).* John Wiley & Sons, Inc. Hoboken.

PUNSET, E. (2005): *El viaje a la felicidad. Las nuevas claves científicas.* Editorial Destino Imago Mundi.

– (2007): *El alma está en el cerebro. Radiografía de la máquina de pensar.* Editorial Aguilar.

– (2008): *Por qué somos como somos.* Editorial Aguilar.

– (2010): *El viaje al poder de la mente. Los enigmas más fascinantes de nuestro cerebro y el mundo de las emociones.* Editorial Destino Imago Mundi.

– (2011): *Excusas para no pensar. Cómo nos enfrentamos a las incertidumbres de nuestra vida.* Editorial Destino Imago Mundi.

RAMACHANDRAN, V. S. (2008): *Los laberintos del cerebro.* La liebre de marzo.

– (2012): *Lo que nos dice el cerebro.* Editorial Paidós.

RATEY, J. J. (2002): *El cerebro. Manual de instrucciones.* Editorial Mondadori.

RIES, A. y TROUT, J. (1993): *Las 22 leyes inmutables del marketing.* McGraw-Hill Interamericana de España.

RODRÍGUEZ, S. (2021): *Consumidor consciente. Un recorrido por su toma de decisiones.* ESIC Editorial.

RODRÍGUEZ DELGADO, J. M. (1994): *Mi cerebro y yo.* Ediciones Temas de Hoy.

RODRÍGUEZ DE RIVERA, I. (2009): *La mente del mundo.* Bubok Publishing.

ROVIRA, J. (2017): *Persona, no consumidor (antropología, neurociencia y hormonas para el marketing).* ESIC Editorial.

RUBIA, F. J. (2007): *El cerebro nos engaña.* Ediciones Temas de Hoy.

– (2000): *El sexo del cerebro. La diferencia fundamental entre hombres y mujeres.* Ediciones Temas de Hoy.

RUDTHERFORD, A. (2022): *Neuroscience and Decision Making (How to shift from impulsive and irrational to intentional and deliberate).* Amazon Italia Logística.

SAPOLSKY, R. (2017): *Compórtate. La biología que hay detrás de nuestros mejores y peores comportamientos.* Capitán Swing Libros.

SETHNA, Z. y BLYTHE, J. (2019): *Consumer behaviour* (4th edition). Sage Publications.

SMALL, G. y VORGAN, G. (2008): *El cerebro digital*. Ediciones Urano.

SMITH, E. y KOSSLYN, S. M. (2008): *Procesos cognitivos. Modelos y bases neurales*. Editorial Pearson Prentice Hall.

SOLOMON, M. R. (2020): *Consumer Behavior (Buying, Having, and Being)*. Thirteenth Edition. Pearson Education.

— (2021): *The new Chameleons (How to connect with consumers who defy categorization)*. Kogan Page.

STINGEL, J. (2011): *Grow. How Ideals Power Growth and Profit at the World's Greatest Companies*. Crown Business Group.

SWAAB, D. (2010): *Somos nuestro cerebro. Cómo pensamos, sufrimos y amamos*. Plataforma Editorial.

TIERNO, B. (2009): *Poderosa mente. Cuando cambias tu mente, cambias tu vida; la curación está en tu interior*. Ediciones Temas de Hoy.

TIRAPU, J. (2008): *¿Para qué sirve el cerebro?* (2.ª ed.). Editorial Desclée De Brouwer.

YAGÜEZ, E. y MERINO, M. J. (2021): *De la emoción a la compra. Búsqueda y análisis de tendencias*. ESIC Editorial.

ZALTMAN, G. (2003): *How customers think. Essential insights into the mind of the market. What consumers can't tell you and competitors don't know*. Harvard Business School Press.

ZAMORA, J. (2018): *En busca del yo (una filosofía del cerebro)*. Editorial Bonalletra Alcompás.

ZOËGA, T. (2015): *Introducción al neuromarketing y la neurociencia del consumidor*. Neurons Inc.